時報出版

所有行走過的痕跡，那些溫暖的人事物，都從相遇開始

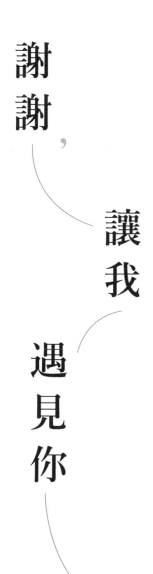

謝謝，讓我遇見你

吳建恆的人生慢旅

HOKKAIDO

YAMAGUCHI

CHICHIBU

IWATE

TOKYO

TOYAMA

HIROSHIMA

OKINAWA

目錄

下次的旅行

建恆，我們都叫他 KEN さん。他跟著「日本學問大 · 前進日本」的製作團隊從北海道、青森、岩手、石川、富山、山口、廣島到東京近郊的秩父及長瀞，與當地人交流，採訪拍攝過許多不為人知的景點和店家。而三十分鐘的節目實在是塞不下團隊所拍攝的內容，同仁往往得面臨好多的取捨，只呈現給觀眾精華中的精華。

在緊湊的拍攝行程中，現在回想起來總覺得 KEN さん似乎有著自己的步調。一次拍攝前下大雪的早晨，他隨口提到「剛剛有個小學生用日語跟我說早安」；拍攝搭船餵海鷗，他喜孜孜地像發現新大陸般地說「這裡的海鷗要吃的時候，會先跟你對上眼」；或造訪千年秩父神社，拍攝小組請寺廟人員解說神殿四面牆上方的動物雕工作品時，他在當下好奇追問好多問題；甚至當大夥兒拍攝工作結束後，不知不覺中他已經和古民宅豆腐店的老闆變朋友。

一邊拍攝的同時，沒想到 KEN さん也一邊做好了功課，待行程結束之後，還能回味當時的感受寫下這本書。書中許許多多篇幅是有關節目內容，但相較於節目深入淺出的動態影像，文字是沉澱過後的感性抒發。不論是看了「日本學問大 · 前進日本」節目內容，再閱讀《謝謝，讓我遇見你：吳建恆的人生慢旅》，或反過來先看書再看節目，都讓人有一種想跟著去旅行的心情。

旅行不只有拍照看風景，用嘴巴享受當地美食，其實更需要打開一顆隨時觀察的心，用心去旅行。心打開了，所見所聞也就更深入、更理解、更觸動人心、更與眾不同。而 KEN さん做到了。

下次的旅行，就讓我們也
用眼睛看、
用嘴巴品嚐、
用心去旅行吧！

故事的力量

　　和建恆認識在 2015 年的時候，當時因為到他的節目宣傳，雖然交換了聯絡方式，但也許因為彼此工作都忙碌，一直沒有太多的聯繫。

　　嚴格說起來，我們真正變成朋友是從 2016 年開始，當時因為宣傳新書，又到了建恆的節目「娛樂 e 世代」，印象中，那天一如既往地，我們在節目上沒有說過多跟書有關的事，大部分都是在話家常，那感覺有點像是你到一個朋友家作客，本來你有件重要的事情要說，但總是會不由自主地開始聊起其他無關緊要的話題，也忍不住想和對方分享日常生活裡的芝麻小事，在我的認知裡，這或許就是成為好朋友至關重要的關鍵元素之一。

　　而也因為那忍不住想和對方分享故事的心情，我有幸地在那小小的空間裡，像是獨家般地聽著他娓娓道來一段又一段溫暖又有趣的事，每次聽他說完一段看似平凡的日常際遇，不知為何，心裡總會有種踏實感，而且會有股莫名的衝動，想去他去過的地方看看（OK，我承認我在找藉口去旅行），也想去逛逛他口中說的水族館，還有，去看看車站裡那對爺爺和奶奶。

　　現在回想起來，那早已是三年多前的事了，有好多故事被放置在他心裡這麼久，醞釀的或許不再只是回憶的片段，是一片如山如海的力量。

　　我想，這就是所謂故事的力量吧，它除了能讓你認識你原本認知以外的世界，甚至還能帶領著你前進，往想去的地方出發，成為那個自己心中想成為的模樣。

　　親愛的建恆，謝謝讓我遇見你，也謝謝你「終於」寫下了這些故事。

遇見大好人

那時候，我們第一張專輯才剛發行呢，不知不覺，20 年就這麼過去了。

20 年間，每次發片、開演唱會、甚至電影上映，總是要麻煩建恆哥，替我們訪問、主持、甚至寫音樂介紹，也不知不覺，建恆哥的頭銜變成了「大好人」。

總算有機會，讓我替建恆哥寫一篇短序，紀念漫漫歲月中，這份不短的友誼。

一直以來，總是為大家引薦日韓流行文化的建恆哥，這次的書寫，依然關於日本，但卻走出了燈光通明的攝影棚，陪你緩步在文學、文化、與那些未曾知曉的人生之中。

在海鷗飛過，時光過彎之處，遇見大好人，遇見你一期一會的人生慢旅。

緊緊握著的人情

在旅行漸漸被許多人視為家常便飯的年代，我經常想，當社群網站上吃喝玩樂的分享，令大家的旅程變得越來越相似，每一個人離開家，舟車勞頓抵達遠方，對於異鄉究竟是抱著怎樣的期待呢？如何留下一份獨一無二的回憶，變得困難但也珍貴。

閱讀著大好人吳建恆的《謝謝，讓我遇見你》時，我知道答案在這裡。旅行的意義，從來不是複製踩點路線，是該放下預設立場，敞開自己的心，去接收、去體會、去相遇因「人間關係」而滋生的風土民情。唯有如此，在人人都能抵達的山水名勝之外，那些你與當地人的互動，才能成為別人無法換取的獨有記憶。

這本書裡寫到的許多地方，我也曾經去過。跟著建恆的文字舊地重遊時，奇妙的是，竟常感覺像是初次到訪似的充滿新鮮感。我想，那正是因為他的感受，替我們手上一張同樣的地圖，拉出不同的超連結，下載迥然不同的內容及意義。

別人可能會忽略的平凡細節，建恆卻秉信「有趣的人，會在沙漠中變出綠洲，在無趣的人生中找到自己的創意和樂趣」，所以才遇到這麼多有故事的人。就像在〈把每一件事，都緊緊的握著〉裡寫的一樣，大好人其實也緊緊握著旅途上「一期一會」的緣分，記錄下溫暖的點滴人情。讓我願意相信，在陌生的路上，好人總會遇見好人。

看見繁花似錦的可能

在貝克特的《等待果陀》中，有句台詞：「我們有時間變老，空氣中充滿了我們的喧囂。」

年少時讀這句，總覺得淒清黯涼，當走過時間的荒原，青春不再，人生的期待與盼望，在哪裡？只剩下虛空中繚繞的，曾經張揚過的呼喊嗎？

直到，我認識建恆，好像就明白些什麼。

他總是以獨特的生活姿態與我們分享，在人生過往的不明白中，看見繁花似錦的可能。

記得那年夏天，正逢人生低潮的我，走在西班牙聖雅各的路上。接二連三的打擊與意外，讓我意志消沉。剛在法國結束工作的建恆，聽到消息，二話不說地就訂張機票，從巴黎直奔潘普洛納，陪我走了三天。

嚴格來說，這三天還是我比較辛苦，找路，找落腳的地方，還要兼顧沿途的風土講解，建恆就只是靜靜地，陪在身邊，陪你走過長長的路。

三天過後，建恆跟我說：「我覺得我夠了，再走下去也領悟不到什麼。」然後揮揮衣袖，留下好氣、好笑，卻也溫馨無比的回憶。

現在想起來，那就是建恆，總是帶著有點擔心的忐忑出發，對陌生與未知充滿期盼。但是，真正在旅途上相處幾天後，你會知道，建恆追求的，不僅是窗外不斷變幻、新鮮有趣的風景，而是風景之中，屬於「人」的故事。

建恆的有情有義，我們明白；他的有心有愛，所有人能感受。對他來說，旅行只是為了遇見，以及遇見之後的感動。

我很慶幸，在人生旅途中，與建恆同行，當時光荏苒，白雲蒼狗之後，空氣中，留下我們曾經的喧騰，這不是也很抒情，很浪漫嗎？

這十幾年來，我的心一直念著要出版一本和日本有關的書。

和我討論過這想法的人，從旅行、飲食、文化、娛樂到演唱會，各式各樣都有。雖然我覺得日本豐富了我的人生，卻不知如何下筆。寫過幾個不同的主題，最後都還是放棄，但是寫日本這件事，一直放在心裡，覺得不寫會成為我的遺憾。

直到幾年前接下了緯來日本台「日本學問大」的主持棒，我從一個熟悉大都會和日本娛樂業的主持人，慢慢地愛上了日本的鄉下，我看見那些或許看起來平凡的人物，他們的人生是如此不凡。我住在方圓幾公里內沒有便利商店的民宿，我一個人泡在滿天星光的溫泉池，我和只講方言的老先生雞同鴨講，我抱著不捨我離開的老奶奶，我看著每一張揮手道別直到看不見的臉，我遇見許多文化的衝擊和不解。

我害怕未來沒有機會再見上一面，在節奏快速的現代社會，他們的故事一下子就被人遺忘。

雖然透過節目的記錄，仍然有限，時間有限、情緒有限、情感的交流有限，那些鏡頭外的風景，往往比實際播出的畫面更加精采。

在等待錄影的時候，我有許多時間和受訪對象深入地聊天、分

享、交朋友，我們建立起一種信任，那些畫面，經常讓我在日本各地拍攝時不經意地想起。

於是我決定開始寫。

一寫就一發不可收拾，他們向我招手，他們向我微笑，他們的聲音忽而出現在我耳邊，終於有了這個作品。

「謝謝，讓我遇見你」，那是我打從心底想向他們每一位說的話。

一期一會，我沒有把握可以再見到他們，但是，我把他們美麗而精采的人生分享給大家，不只透過電視，還有文字。

我慢慢地書寫，直到即將出版，突然有些時間上的壓力。謝謝緯來日本台的台長 KAKU、「日本學問大」的節目組，還有我最棒的搭檔 Dona，這些年上山下海為了一個故事而奔走的畫面，是我們共同擁有的美好回憶，期待未完待續。

不要小看自己，因為即使我們自覺平凡，
也都正在創造一個獨一無二的人生。

確認過眼神的海鷗

通常在旅程最後一天的晚餐時間，大家都會分享行程中印象最深刻的事。某一天晚上，當我說出這件事時……

「咦～～」

「ㄟ～～」

整個團隊不管台灣人還是日本人，都發出一種日本綜藝節目裡眾人大吃一驚的聲音，然後看著我。

其實我只說了三個字：「餵海鷗」。

剛開始看到行程上有搭船出海餵海鷗的行程，不小心翻了一下白眼，因為覺得這實在是有點無聊，全世界各地靠海的城市都有海鷗，岸邊也有很多海鷗，為何特地來到北海道的「美國」（沒錯，這地方就叫「美國」）搭船出海餵海鷗，真的令人不解。

上船之後其實沒看到幾隻海鷗，不過北海道的海景與山景都很漂亮，也有許多形狀特別的「海岬」景觀，從海上看過去的角度是另外一種不同的風景，也

是相當不錯的體驗。

漸漸地海鷗越來越多，開始圍著甲板上空打轉，似乎有一種進入海鷗勢力範圍的感覺，工作人員拿出吐司麵包的外皮，一包一包交給遊客，讓我們餵食正在空中盤旋飛翔的海鷗。

餵食的方法很簡單，其實只要把麵包皮拿在手上、高高舉起就可以了。
本來覺得這似乎不是太有趣的活動，沒想到——
我竟然發現一個不可思議的定律！

滿天飛舞的海鷗群中，望著人們高高舉起的麵包皮，海鷗首先會選定一個目標，然後飛近這個目標並在空中暫停，以眼睛和你對望，好像一種確認的儀式，才會飛過來將麵包皮叼走。

一開始當我發現這個互動的行為時，覺得應該只是單一個案，於是我再試一次——高舉麵包、海鷗尋找食物、俯衝、暫停、與我對望確認，然後叼走。

天吶！我愛上這個與海鷗眼神確認對望的瞬間！我停不下來地瘋狂加入餵食海鷗的行列。

然後，我又發現了另一件事——
當海鷗眼神與你確認之後，如果牠沒有成功叼走麵包，很可能是你突然收手、牠技術不好、或是麵包掉了，海鷗會高飛一圈後回

到原本的位置，尋找同樣的人，以同樣的模式叼走你手上的麵包。

海鷗們彼此並不搶食，雖然餵食的遊客很多，而且偶爾會失敗，但牠們不會三心二意，一定會完成這個與你確認過的動作，像是一種彼此訂下承諾的合約，堅守著這樣的精神互動著。

相較於夾雜在海鷗群中的烏鴉，烏鴉就完全沒有秩序可言，好像是任意破壞規則的一群海盜。

對於這個驚人的發現，我竟完全沒有辦法用言語來形容自己的感動。

於是我發表了餵海鷗時發現的這個定律，大家聽了都驚訝得說不出話來。不知道這一套規則是從何而來的？

我們太小看海鷗的靈性了！
如果每個人都能像海鷗這樣堅定且和平，世界或許會減少許多的紛爭。
從此以後，我再也不敢小看海鷗了！

後來因為外景節目，我又陸續參與了幾次餵海鷗的行程，結果發現——

咦？怎麼好像只有北海道「美國」的海鷗有這樣的行為，其他的……都是例外。

重點就在細節裡

　　冬天時的札幌大通公園有知名的「雪祭」，通常這是大家對大通公園的第一印象。

　　其他季節呢？其實就算不是在冬天來到大通公園，仍然有很多不一樣的樂趣。春天可以賞花、夏天有啤酒節，還有秋天的美食展，那才是真的「教人不知該如何是好」！

　　大家都知道北海道地大物博，日本許多美食的材料都標榜來自最天然的北海道，當然北海道也以自己的物產感到自豪。只是，北海道實在太大了，如果要追著美食或名店跑，恐怕得跑好幾百公里，花個好幾天的時間。

　　還好，有秋天的美食展。每到這個季節，北海道的美食名店都會來到大通公園開設臨時店，每走幾步就有一家名店，對於有選擇困難的人來說，那才是一件頭痛的事。

大通公園在美食展期間，將公園劃分為好幾個不同的區域。每個區域有各自的美食主題，拉麵區、異國料理區、知名餐廳區、甜點區和品酒區，如果不在札幌住上幾天，別說吃了，恐怕連逛都逛不完。

　　此時，我只恨自己為什麼只有一個胃！

　　美食店雲集並以優雅與時尚感為出發點的美食展，絕對不能成為夜市或是園遊會的風格。這段時間，為了讓戶外用餐的經驗更美好，連食物擺盤也力求與店內用餐相近，但價格卻比在店內便宜許多。

　　除了美食之外，遊客還可以選擇用餐的方式和氣氛。有戶外的草地野餐、有歐式白色帳篷、也有在綠色大樹下的座位，或是買了美食在品酒區享用，當然此時若想邊走邊吃，似乎也很合理。

　　而且我注意到了一件事。

　　在這個充滿美食的展場，環境居然「乾乾淨淨」，不但空氣中沒有異味，垃圾桶也沒有因為這麼多人用餐而爆炸。

　　到底，在大家吃完之後，是如何處理垃圾與廚餘的呢？那才是讓我驚訝的重點！！

　　我發現，在每一排店家的末端，都會出現一個專門處理垃圾與

雜物的白色帳篷，帳篷內都有一位穿著整齊、笑容可掬的年輕人，他會先將客人餐盤內剩下的食物和殘渣倒進廚餘回收桶，然後依照屬性的不同帶著客人做資源回收的分類工作。若是客人有不明白的地方也會很親切地解說。

　　這個活動現場隨處可見的白帳篷，原來是讓整個活動維持高度舒適與乾淨非常重要的垃圾回收單位。

　　我在座位上看他們處理垃圾，看得入神，差點就忘記我的拉麵了。

　　這些工作人員真的非常敬業又熱情。看他們認真地將垃圾一一分類，是我在這裡所看到更勝於美食的風景。

　　活動是否成功，重點真的在這些細節上啊！！！

牡丹花下

我聽過一個爸爸疼愛女兒的日本故事。

日本明治與大正時代，當時只要是鯡魚老闆幾乎都是坐擁萬金，富可敵國，北海道的青山家也因為經營鯡魚業而極盛一時。

青山家有個 17 歲的女兒青山政惠，常常去朋友本間家玩耍作客，本間家的奢華別邸深深吸引了青山小姐。

有一天，青山老爸問她：「女兒啊！妳喜歡什麼？爸爸買給妳！」

青山小姐說：「我要一棟比本間家更豪華的房子！」

於是 1923 年，青山老爸收集了最高級的建材，找來一流的工匠，花了六年的時間完成豪宅，送給疼愛的女兒當禮物。

據說當時在新宿蓋百貨公司的造價是 50 萬日圓，青山家蓋別邸就花了 31 萬日圓，如果是以現在的價格換算大約是 65 億日圓，多麼豪氣大手筆！還好青山家有錢而且品味也算不錯，一走進豪宅，大廳美麗的天花板是名畫家所畫的 138 種花卉圖案，極度奢華。別邸一共有 18 個房間，整體設計非常講究，這麼漂亮的豪宅雖然只是當年青山家生活的日常，但當時建築的工法和材料加上收集的家具

和藝術品，如今價值連城。據說漫畫流星花園為了畫出漂亮的豪宅，還特地跑來參考，也讓今日的青山別邸成為一間開放收費參觀的博物館。

青山別邸的庭園，依照季節有不同品種珍貴的花卉盛開，春夏之際園內 400 多棵各式牡丹與芍藥以萬千之儀姿不斷地展現風采，一入園整排的白色、粉紅、鮮紅牡丹迎客，高度大約只有膝蓋到腰間之際很方便欣賞，只要稍微有和風徐來，看來嬌貴而粉嫩的花朵就在風中輕輕地飄著，美出新高度。

趁四下無人，我躺在牡丹花下，陽光溫和灑落眼前，牡丹花的香氣陣陣飄來，我才明白了牡丹花下古人的浪漫，「做鬼也風流」是示愛的最高表現！

「我真愛你，愛極了，倘若能成就咱倆人好事，我就破了家，我也情願；我就送了命，我也願意。古人說得好：牡丹花下死，做鬼也風流。只是不知你心裡有我沒有？」清朝《老殘遊記》裡多麼動人的一段話，如今我就躺在牡丹花下感受古人為了美女而喪命犧牲卻甘之如飴的風流韻事。

牡丹原產於中國，現在世界各地所種植的牡丹應該都是移植自中國。

本來我因青山別邸慕名而來，沒想到卻被這 400 株盛開中的牡丹顏色姿態與別邸環境相襯所產生的美色所深深吸引。和這片牡丹花園真的是巧遇，在此之前，我以為只有在中國的洛陽才有機會欣賞到這國色天香。

因為沒有期待，旅行中的巧遇常常是最令人讚嘆的。

兩個月後我帶著媽媽旅行又來到青山別邸，不但繁花落盡，就連牡丹枝葉也枯黃殘敗，換成迎夏的波斯菊成了花園的新主角，不見兩個月前的榮華富貴。

想起當年的青山家極盛風光，不過也只是歷史洪流裡的一頁，再怎麼美不勝收如今也只能空留嘆息！

不要輸給風雨

　　日本東北 311 大地震發生之後，演員渡邊謙朗誦了同樣是災區岩手縣出身的詩人宮澤賢治的詩《不要輸給風雨》來安慰受災的同胞。

　　當時，可能我的心境未到，只覺得感動，但這首詩並沒有在我心裡留下太多感覺。

　　直到要去岩手縣出外景前，製作人丟了好幾本宮澤賢治的書要我做功課，某個夜晚，再一次讀到這首詩，內心竟然被大大地震撼了。

　　不輸給雨
　　不輸給風
　　也不輸給雪和夏天的酷熱
　　擁有強健的身體
　　沒有慾望
　　絕不發怒
　　總是靜靜微笑著
　　一天吃四杯糙米

味噌和少許蔬菜
所有事情都不考慮自己
好好看仔細聽並且去了解
然後不忘記
住在原野的松樹林蔭下的
小茅草屋
若東邊有生病的小孩
就去照護他
若西邊有疲累的母親
就去替她扛稻米
若南邊有瀕死之人
就去告訴他不必害怕
若北邊有人吵架或訴訟
就告訴他們沒意義 算了吧
乾旱時節流淚
冷夏時慌亂地奔走
被大家稱作木偶
不被稱讚
也不讓人感到苦惱

我就是想成為
那樣的人

——宮澤賢治《不要輸給風雨》

我拜讀過幾個不同的翻譯版本，再對照原文仔細地推敲；那種與生俱來的憐憫之心，還有淡泊名利、不追求物質的人生最高境界，一次次都令我感動不已。

出發前，這首詩燃起了我的無窮興趣，我想要多了解宮澤賢治這個人。

我們一生追求的是什麼呢？

大家都喜歡談夢想，但說穿了，夢想大概都和名利有關，內心通常會渴望自己能被看見，可能要等到某一天自己覺得「夠了」，才會開始對人生某些事情有所覺悟。

而那大概會是自己認為已經年華老去之時，準備安享晚年的時候。

所以，宮澤賢治在 35 歲寫下這樣一首詩，對我來說真的很不可思議。

加上當時他寫詩的目的是為了勉勵自己，並不是為了發表或出

版，而這首詩也是在他過世後、家人整理他的作品時，才在他的筆記本裡發現的。

所以我相信，宮澤賢治這打從心裡的感動是非常真誠的，不是寫給別人看的。

他是如何辦到的呢？

目前的我，好像還是做不到的。

不過，在這之間，我似乎找到了什麼。

那是一種自勉，就像 35 歲時的宮澤賢治也是寫下這首詩來期勉自己。

於是一下子的時間，我開始改變我自己。

最開心的莫過於我似乎真的感受到一種快樂。

好像懂了些什麼——

藉由宮澤賢治的作品，我被喚醒了某些事。

希望，還不晚。

雖然，我已經超過 35 歲了。

遇見宮澤賢治

　　來到日本東北岩手縣，在許多商店裡都看到了「宮澤賢治」相關的商品，我非常驚訝，因為在當地大家竟是如此的以他為榮。在這之前，我以為他只是一位文學家。

　　一開始，我先買了《不要輸給風雨》的明信片，現在它貼在我的電腦桌前，時時刻刻提醒自己——「我想成為這樣的人」。

　　直到來到他的出生地，岩手縣的花卷，來到「宮澤賢治紀念館」，我感覺到站在他面前的自己，有多麼的渺小。

　　宮澤賢治，在 1933 年辭世。過世之前的五年，他都臥病在床。在過世前兩年的臥病期間，他寫了《不要輸給風雨》的詩來勉勵自己。

　　從《不要輸給風雨》這首詩裡來看，他是非常熱愛生命的。儘管身患重病，但他仍然有未來人生的想像和計畫。

他生前並沒有成名，出版的作品也非常之少。直到過世之後，後人整理他的遺作，才發現他許多作品中，不管是已完成還是正在修改中的，都讓人驚豔不已。

我默默看著他只有 37 歲的人生，生長在一個多災多難的時代，雖然是地方望族二代，卻自小就懂得體恤他人，了解民生疾苦，一心一意想要幫助人。

因此他的一生所學和研究，都以站在想要讓當時環境能改善得更好、幫助農人更好、窮人更好、世界更好，這樣的心思下所堆疊出來的人生。

他不僅只是一個詩人，最為人津津樂道的應該是他的兒童文學作品。

一生從沒有出過國，他的兒童文學創作卻有如來自歐洲的翻譯小說，根本無法想像他是哪裡來的靈感？更何況是在那個年代！

《銀河鐵道之夜》這部作品，我必須承認我花了許多時間才有辦法讀完，因為在這裡面他書寫了太多在童話背景下所傳遞的真知識，除了天馬行空的創意，所有內容相關銀河或天象的研究，讓人嘆為觀止。

因為《銀河鐵道之夜》是全日本知名的兒童文學，因此在岩手也推出了真正的 SL 銀河鐵道列車。那輛加煤炭的老火車，幾乎完

全按照書中的描述改裝而成。

　　搭著銀河鐵道列車，火車奔馳在山野間。可以在不同的車廂中看到宮澤賢治的展覽、可以翻閱他寫的作品、可以在暗室車廂中觀看立體銀河影片，可以買銀河列車的週邊商品。和我同車廂的幾位媽媽們看到我們正在錄影，竟就合唱起了宮澤賢治所寫的歌。在現實與童話間完成這趟旅行，我何其有幸的搭上了全世界鐵道迷心中最想朝聖的列車。

　　宮澤賢治也是一位農學家，並且曾經在花卷農學校擔任教師。在任職教師的期間他深刻感受到農民在這塊土地上務農的辛苦，所以，他辭去了教職，專心研究和農務有關的發展。白天耕種、晚上就為農民上課，傳授農業知識、講土壤、講肥料，更寫了以第四次元科學理論結合藝術的農民藝術專書，同時教外語、舉辦音樂會。他只有一個目標，就是提升農民的生活。

　　他的研究總是鉅細靡遺，他畫細胞分裂圖、畫行星天象的變化、還要學習小提琴。我看著他的原稿創作一次次的文字修改和更正，有的篇幅竟然改寫了九次之多。

　　今天，我看著這位 120 年前出生的人物，在他短暫的 37 歲人生裡，在當時資訊不普及、交通不方便、人民飽受天災和戰亂的時代，扣掉幼年和青少年的學習時期，剩下的時間，我真的無法想像他到底是如何辦到這一切的？

前幾天上日文課時老師問我一個問題，如果有「任意門」我想去哪裡？

　　當時我毫不考慮地就回答：「我希望可以回到一百年前的日本。當宮澤賢治的鄰居。」

　　因為，我真的很想當他的鄰居，很想了解在當時他到底用什麼方法完成這一切？他短暫人生所做到的，我可能花好幾輩子也做不來！但他帶給後人的影響和啟發，卻是好幾輩子。

　　遇見「宮澤賢治」，他一直提醒我，熱愛生命，珍惜時間。

把每一件事都緊緊的握著

岩手縣靠海的許多城市或鄉鎮，因為 311 大地震時引發的海嘯
而遭受很大的破壞，這些畫面經過新聞的放送，相信大家應該都很
難忘。

沿著海岸線前進的三陸鐵道，因為被海嘯打壞、沖走而變形、
中斷，只能暫停通車；但這條鐵道對岩手來說是非常重要的幹道，
大家都很期待能夠早日恢復通車，對當地居民來說，三陸鐵道的通
車代表岩手已從天災中恢復，對所有人來說也是一種「不被打敗」
的精神象徵。

甫嶺站，是三陸鐵道的其中一站。對於甫嶺站的居民來說，能
夠恢復通車，還有另一個對上天表達感謝的意義。

曾經看過一篇報導：「一對年近九十的老夫婦，十年如一日，
天天來甫嶺車站掃地！」我還記得，當我來到甫嶺站時，就看到報
導中的老夫婦正向著即將離站的乘客揮手道別，他們看到我，也很
親切地對我露出微笑。

甫嶺站是一個很小的無人車站，澤田夫婦每天大約花三小時在

這裡進行清潔工作。

他們一邊打掃，一邊和我聊天，澤田先生聊起他們其實是有正職工作的，每天早上都會去農地裡工作，農事結束之後才過來車站打掃。

我納悶地問：「為什麼要天天過來打掃呢？這車站看起來很小，也沒有太多遊客，應該不會太髒啊！」

澤田先生看著我，停下手邊的動作，歷經風霜的臉帶著滿足的笑容回答道：「那是一種習慣，我希望每一位經過這裡的人，都能在第一時間感受到這裡的美好！」

這時澤田太太也開口了，「其實冬天的時候車站的雪會積得很高，如果不清理，火車來的時候，旅客上下車很不方便！」她一邊說，一邊比劃自己的腰要我想像積雪的高度。澤田太太不高，也有些駝背，但那個高度還是令我有點難以置信。

澤田夫婦告訴我，下雪的時候，他們天還沒亮就起身前來，先將積雪清理乾淨，常常一打掃就超過五個小時。

我想，澤田夫婦對這個車站這麼有感情，一定有什麼特別的原因！

原來，澤田夫婦是同班同學，從小就住在車站附近，他們在這

裡搭車，也在這裡約會，這個車站充滿了兩人青梅竹馬的成長回憶。每天看著車站，經歷無數寒暑，幾乎一輩子的時間，當然會對這裡有種特別深厚的感情。

311 海嘯的時候，因為三陸鐵道甫嶺段的地勢較高，鐵道就像防波堤一般隔開了海水，靠海這邊的農地與養殖場全都毀了，住在鐵道另一邊的村民卻奇蹟式地毫髮無傷。

澤田夫婦臉上充滿感恩地說：「海水退去後，我們非常感謝鐵道保護了村民的身家安全，這個車站雖然小小的，但是在我的心中就像神社一樣的存在。」

對於擁有的每一天，都感謝鐵道的守護。

我真心希望澤田夫婦可以一直這樣打掃下去，因為他們不只是在做清潔工作，他們每天都站在月台上，向列車上不認識的乘客揮手道別，就像是一種精神的傳遞，面對人生積極的勇氣。

三陸鐵道目前已經全線通車，成為一種逆境過後的希望，鼓勵大家如常前進。

　　最後，我揮著手和澤田夫婦道別，夕陽下，他們的背影緩慢前行，老先生停下腳步等著老太太，然後兩人手牽手一起走在回家的路上。

　　有人說夫妻就是「牽手」，我看著看著不禁紅了眼眶。

　　他們是多麼珍惜眼前所有的一切，然後，把每一件事，都緊緊的握著。

勇敢的龜吉

　　岩手縣久慈市的海岸線有個日本國家石油儲備基地,後來這裡成立地下水族科學館,成為日本唯一一個地下水族館。311地震時海嘯來襲之時,整個水族科學館都遭到毀壞,就連水族館裡的生物也幾乎全數死亡。

　　大地震之後的五年,我來到重新開幕的水族館,看到保留當年水淹水族館的痕跡,就連地勢較高的地方,都是超過一個成年人的高度,眼見每一條淹水線幾乎都將我滅頂,實在很難想像當時現場的情況。

　　不過,如果覺得魚類和其他的海洋生物本來就活在水裡,大水來了,剛好可以游個痛快,那就大錯特錯了。

　　水族館一旦失去電力,水族館生物得不到氧氣的供應,加上沒有食物,一樣只有死路一條;而且海嘯帶來的是海水,淡水魚類是最快死亡的族群。位於地下室的水族館,處於完全無法清理的殘破狀態,工作人員若要進入,只能潛水,但用手電筒探照底下情況之後,也只能搖搖頭嘆一大口氣,畢竟,混著外物的海水和各種腐敗生物的死水,光用想的就令人頭皮發麻!

當時唯一的解決方法，只能不斷靠著抽水機將水往外送，對於大難之後的久慈市來說，這段期間大家對恢復家園所做的努力真的很不容易！

　　大概經過了整整一個月，水族館內的工作人員才終於能夠進入現場。手電筒照出有如地獄的黑暗和混亂，遍佈腐爛生物的殘屍、空氣中充滿臭味和濕氣，找不到任何生氣。經過調查，原先館內3000多個水族生物，還活著的只剩下幾隻海星和在地球上存活了四億年、被稱之為活化石的「鸚」，總數量只有8種、21隻。

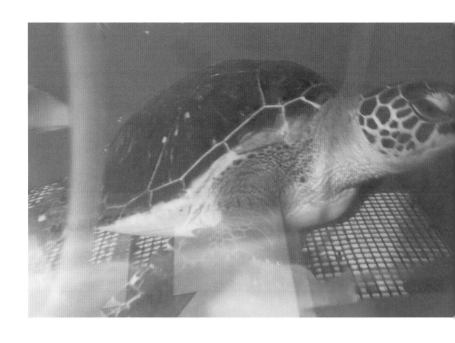

大家曾經共同努力經營的水族館，如今一片死寂。工作人員難過得完全說不出話來，傷心難過之餘，仍然不死心地靠著手電筒微弱的光芒巡視──

　　突然之間，奇蹟發生了！

　　飼育課課長日當先生在海底隧道底部的某個角落，發現了對光亮有所反應的海龜龜吉探出頭來……牠竟然還活著！

　　「龜吉竟然還活著！！！」

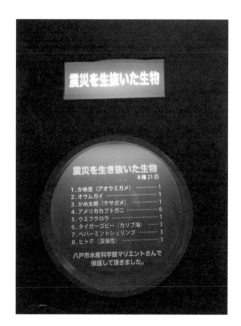

儘管大家因為發現龜吉而開心不已，但是救援龜吉的工作其實相當困難，由於現場尚未供電所以一片黑暗，環境極為惡劣，加上龜吉受到太大的衝擊，早已奄奄一息。

　　不過，龜吉活著的消息，對當時正在進行災後復原的久慈市民來說像是打了一劑強心針，龜吉成為了一個希望象徵，給了大家無限的勇氣。

　　館方好不容易才將不放棄努力求生的龜吉救出，但對已經全毀的久慈館方來說，實在沒有能力照顧無法進食且多處受傷的龜吉，只好先將龜吉送往青森水族館，接受良好的照護與醫療。

　　在青森水族館細心的照顧下，龜吉慢慢恢復元氣，體重增加了、精神回來了。五年後，當久慈地下水族科學館重新開幕，他們決定讓龜吉回家。

　　於是，在久慈市民的歡迎和陪伴下，龜吉又回到了牠的海底隧道。

　　日當先生描述當時的情況：「當龜吉進入海底隧道後，牠慢慢爬到我發現牠的那個角落，靜靜的待在那裡，一動也不動。我原本有點擔心牠是不是有陰影或是不習慣，常常為牠加油，慢慢的，才發現牠已恢復往日的元氣，成為我們水族館的吉祥物！」

眼前的龜吉，在海底隧道裡游來游去，還不時看向鏡頭，似乎很有表演慾，非常的積極！

　　連日當先生都說，牠今天非常開心喔！

　　或許是因為從台灣遠道而來的我們吧，那時，我心裡想著要把這個故事帶回台灣。

　　雖然人類豢養動物經常遭到批評，但此刻，聽完龜吉的故事後，打從心裡想告訴牠：「謝謝你，你的努力激勵了我們要熱愛生命。」

　　龜吉的故事感染所有人，支撐起整個久慈市災後重建的信心。

　　堅持到底、永不放棄，龜吉能做到的，人類一定也可以。

山谷裡的飛天丸子

嚴美溪，位於岩手縣一關市，有「日本第一美溪」之稱，是當地重要的觀光景點之一。

站在嚴美溪的橋上，看著這個大自然優美的傑作，溪谷佈滿高低起伏各形各狀的奇石，兩岸樹葉翠綠、蟬聲合鳴，呼吸之間充滿水霧的清冽感，不難感受這裡為何會被列入國家指定天然名勝。

不過，再美的風景看久了，也就是這樣。旅行中最有趣的回憶還是來自人與人的互動和感受。

在這一大片的美景中，溪邊一塊大石頭上蓋了一個涼亭，來旅行的人在溪邊走走逛逛欣賞風景之餘，幾乎人手一枝糯米丸子，坐在涼亭裡看到大家吃得津津有味，還配著綠茶，也太愜意！

「可是，沒有看到在賣丸子的小店啊？」

「叩叩叩！」突然有人用木槌在一塊涼亭旁的木板上敲了三下，響亮的聲音立刻迴盪在山谷裡。

這時，一個竹籃騰空飛起，天哪！這是在拍武俠片嗎？

一條纜繩將竹籃快速升起，沒一會兒就送達高約一百公尺山上的木造小店，不久之後又見竹籃沿著纜繩而下，「咻！」地一聲，竹籃裡放著三種口味的丸子和兩杯綠茶！好神奇！

原來，第一趟是將你所想要的品項在紙上勾選，可以選擇冷或熱綠茶，要幾份丸子，然後放好現金，在木板上敲三下，竹籃就會飛起，這便是點餐。

第二趟時，你點綠茶和丸子就沿著纜繩和竹籃從天而降，更厲害的是全程綠茶都不會灑出來，一切都在掌握之中！這就是送餐。

盒裝三種口味的丸子，紅豆、芝麻、醬油，看起來超級可口的，和一般我們印象中將餡包在裡面的丸子不同，這個丸子是將配料非常大方地蓋滿整串丸子，每個吃過的人都讚不絕口！

當然，我也要來試試！仔細勾選之後，我們還要了四杯熱綠茶（其實有一點想要考驗老闆的技術），同時在紙上告訴飛天丸子老闆：「我們來自台灣！」

沒一會兒，竹籃就又飛回來了！但，這次不同的是，竹籃竟然插上日本和中華民國的小國旗！怎麼有這麼可愛的老闆啦？也太細心了！

因為我們要了四杯熱茶，所以，竹籃裡乾脆放了一壺綠茶和四個杯子，這樣就不怕一不小心茶會灑了！嘿嘿！老闆太聰明了！

就在我們驚呼讚嘆的同時，山谷裡竟然傳來一陣歌聲。
「山川壯麗，物產豐隆，炎黃世冑、東亞稱雄……」
這不是我們的國旗歌嗎？怎麼會在這山谷裡聽到啊？

原來老闆不只在竹籃插上小國旗，還搭配播放國旗歌，正要熱淚盈眶之餘，突然發現老闆正在上面揮舞著一面中華民國國旗，隨著國旗歌在風中飄揚，讓我們立刻肅然起敬、立正站好！

這麼天才的老闆，怎麼能夠不認識一下呢？

沿著山坡往上爬一段路，這段路的確有些吃力，如果不是這種獨特的經營方式，要客人爬上來恐怕有蠻多人會放棄的。

家傳的郭公屋丸子店，經過一代又一代已經 140 年，可愛的老闆已經七十多歲，雖然滿臉皺紋，卻一直呵呵呵笑個不停。

郭公家人一起現做丸子，店內也有座位，在此能居高臨下一邊乘著涼風吃丸子喝茶，一邊欣賞嚴美溪的風景。

和郭公聊天，發現他真的是一個風趣幽默的人，喜歡交朋友，也嚮往外面的世界，但因為工作關係一直守著這個家傳的丸子店。

「除了用心經營之外，也開始想像一些有趣的事情來做！」老先生呵呵說著，每次一笑，眼睛就瞇成一條線！

　　小小的工作間，我們看到貼滿來自各地觀光客寄給老先生的明信片，而只要是上山來拜訪的客人，老先生也會邀請他們一起擠在小小的工作間拍照，然後貼在牆上，這個工作間就是他與山谷下的客人們聯繫的窗口。

　　「現在差不多已經貼滿六千多張照片囉！」老先生有點得意地說，牆壁不夠貼的，連天花板都貼滿了，看起來有點密集，而且驚人。

　　老先生拿出他所收藏的各國國旗，更是讓我們大開眼界，其中還有一張 CD，裡面收錄各國的國歌，除此之外也有幾張鄧麗君的專輯，原來老先生是鄧麗君的歌迷，他說：「想聽鄧麗君的歌時，我就讓她的歌聲迴響在嚴美溪的山谷裡。」

　　我太喜歡這個樂天知命的老先生，雖然每天起床都做著重複的工作，從小到大都這樣一成不變地生活著，但嚮往外面世界的他，藉著各地而來的人們彼此的互動，一點一點地建立起與這個世界的連結。

　　飛天丸子每天不知在嚴美溪的上空來回多少趟，但每一次的出發都會產生與人的連結，從這裡為起點，連結出一個很大的世界。

很多人常常會覺得自己的工作是無趣的，我在郭老先生身上看到的是一個完全不一樣的解讀：一個再無聊、再重複的工作，只要交給有趣的人，也就有趣而豐富了。

　　有趣的人會在沙漠中變出綠洲，在無趣的人生中找到自己的創意和樂趣。

與草鞋無關的勵志豬排飯

「這是好不容易才在網路上買到的，等一下就穿著去錄草鞋豬排飯！」前往秩父的途中，製作人丟了一雙草鞋給我。

但這雙草鞋和大家想像中的不太一樣，不是雙腳套上即可穿上，這雙草鞋只有一片編織過的厚底和兩條長長的草繩，感覺需要進行一段 DIY 才能順利穿上。

至於該怎麼穿？一開始我真的完全沒有頭緒和方法，後來發現萬能的 GOOGLE 竟然有穿草鞋教學影片，於是按照影片一步一步慢慢來。

過程蠻繁複的，首先要將兩條草繩交叉穿過腳底片的小圈，完成部分的編織工作之後，再按照步驟綁好拉齊結繩。在這過程中，好佩服古人連穿個鞋子都有那麼多複雜的程序！

最後花了快一個小時才將草鞋穿上，但應該是買到女鞋尺寸，我把大腳硬塞進草鞋裡，還沒穿好就覺得很痛，下車後才踏出第一步，就發現這根本是腳底按摩，每走一步就又硬又刺又緊又痛！

還好我不是身在古時候啊！

我就這樣腳踏草鞋走進店裡，老闆看我腳步蹣跚、表情痛苦，忍不住笑出來，我也只能苦笑，畢竟我是為了草鞋豬排飯而來的啊！

其實草鞋豬排飯根本與草鞋無關，而是這裡的炸豬排和草鞋一樣大塊，加上為了鞋要湊成一雙，所以每碗上面都放了兩大塊豬排！天啊！這怎麼吃得完啊？

「為什麼會想到做草鞋豬排飯？」「這分量吃得完嗎？」「一天可以賣多少份？」「這豬排有沒有什麼製作秘訣？」

我想了許多問題訪問老闆，但在老闆端上草鞋豬排飯後，不管我問了什麼問題，他總是望了望桌上的豬排飯，然後回答：「快點吃！一定要趁熱吃！」

好吧，可見老闆真的堅持，那就別問了先吃吧！

熱騰騰的新鮮炸豬排裹上雞蛋特調的麵粉，吃起來酥脆爽口，香味四溢，再配上白飯，每一口都是完美的比例！只是，真的好大一碗，連我都吃不完。

老闆說：「以前勞動人口多，每頓飯都需要補充足夠的熱量和蛋白質，既然是草鞋豬排飯，所以堅持不能只放一塊炸豬排，如果

覺得分量太大可以兩人共吃一碗！而且，一定要趁熱吃完！」

老闆根本對於訪問內容沒有太大興趣，他只在意客人有沒有趁熱吃，有沒有好好吃。「不要拍了，趁熱快點吃！」

呃，我們不就是來拍攝的嗎？

因為吃太飽了，無法再穿上那雙草鞋，我的草鞋初體驗就草草了事！

其實，草鞋讓我想起一段往事，那是小時候聽老師說過的一個故事──

台南的南安國小，有一個日本時代留下來的二宮金次郎雕像。二次大戰結束後，日本結束半世紀的統治離開台灣，卻留下不少東西，其中二宮金次郎的勵志故事，就一代代隨著這個雕像流傳下來了。

二宮金次郎本來是有錢人家小孩，5 歲時遇到關東大洪水，結果家道中落，12 歲就代替生重病的父親去參與治水工程，14 歲時父親去世後就擔起家庭經濟重任並照顧年幼的弟弟，於是白天上山砍柴利用時間自學苦讀，到了晚上就編織草鞋來貼補家用。

小時候聽到這裡，我還心想，自己編草鞋來賣也太酷了！

好吧，我承認，我好像聽錯重點了！沒想到今天穿上這種傳統的編織草鞋，竟然是這麼不舒服。

　　二宮金次郎成年後因讀書有成，在農業研究和技術上被大大的重用，成為政府拯救農業收成的農政家和思想家。日本人認為他的事蹟就是刻苦勤學的代表，因此很多學校都放置他揹著柴讀書的雕像來提醒大家要好好用功讀書。

　　如果有機會，可以到台南的南安國小看看二宮金次郎的雕像，順便再重溫一次這個跟草鞋有關、但跟豬排飯沒什麼關係的勵志故事。

老虎、花豹傻傻分不清楚

　　日光東照宮有三隻著名的猴子雕刻，文獻中也說過猴子（猿）是神的使者，我想起一個很好玩的連結——

　　日文的猴子是「さる」；日文文法中的否定型是「ざる」，漢字「見、言、聞」加上否定型後是「見ざる、言わざる、聞かざる」，也就是「非禮勿視，非禮勿言，非禮勿聽」，因為猴子的發音與否定型發音相近，所以才會借這三尊猴子雕像分別表示「非禮勿視、非禮勿言、非禮勿聽」。

　　只是，當場景換到了琦玉縣的秩父神社剛好相反。秩父神社也有三隻猴子雕像，但他們的表現是「多看、多說、多聽」，並非刻意要唱反調，原因是為了可以看清世間的善惡及真理，而被雕刻成「多看、多說、多聽」，稱之為「元氣三猴」。

　　其實，這兩個神社都和德川家康有關。德川家康是在虎年虎日虎時出生，因此他一直被認定是老虎的化身，而他所建立的神社，當然不可以只有猴子，所以秩父神社的正面左側，有一幅日本著名雕刻家「左甚五郎」的作品《子寶育子之虎》。

在這個虎育子雕刻的下方，我看到秩父神社提供了一段「親的心得」，這段話大概的意思是：

「當他是嬰兒時，身體不要離開他；
當他是幼兒時，手不要離開他；
當他是兒童時，眼睛不要離開他；
當他是少年時，心不要離開他。」

這段文字非常值得深思，讓我想與大家分享，這真的是養育孩子的智慧之言啊！

西方藝術常常以壁畫形式或直接石刻在教堂，這些寶貴的藝術品無法擺放在博物館，還是得親自到教堂參觀，而日本的藝術家作品也常常以木刻或繪圖陳列在神社中，這些珍貴的文化遺產的確是值得來一探究竟。

由於德川家康被認為是老虎的化身，作品中有一隻威武的老虎，看顧著三隻正圍繞著母親玩耍的頑皮小老虎，表現出一團和樂的美好家庭氛圍。

但我不解的是，這幅作品怎樣看都怪怪的？

原來，不管我怎麼看，那隻母老虎根本不是老虎，依據斑點花色和外型，應該是一隻花豹啊？難道日本這麼先進，百年前的作品中竟然有跨物種的多元成家？還是那隻花豹其實是奶媽？這其中一

定有什麼不為人知的故事。

為了解答心中的迷惑，我決定前往詢問神社的工作人員，畢竟剛剛參觀的元氣三猴才告訴我們要「多看、多聽、多說」！

得到答案後，不禁有點莞爾，大家要不要猜猜為什麼呢？

答案是：在日本古代，一直把老虎和花豹當成同一種動物，在他們的認知裡，公老虎就是長得和現代的老虎一樣，而母老虎則是身上有斑點，也就是說，古代雖然有花豹卻一直被誤認為是母老虎，換句話說，以前的人認為母老虎是穿豹紋的！

哈哈！這答案太可愛了！不知道多久以後日本人才正式還給花豹一個清白吼？

緣起咖啡店的田中先生

我開了一家咖啡店，這是一個需要付出代價的夢想。

因為代價太大了，後來有意願想開咖啡店而詢問我的朋友，幾乎都被我勸退。

旅行的路上，我都在找咖啡店，只要遇到自己喜歡的咖啡店，常常會在心裡想：「啊！如果可以常常來就好了！」

但我仍然會把每次的相遇當成偶然的瞬間，就算再喜歡，說真的以後也不一定會再回來，畢竟旅人的腳步總是一直前進的。

這一天，我在自己的咖啡店招待一對來自日本的夫妻和他們的小孩。我的店員們都很期待他們來，希望有機會交流一下。

常常在旅行中交到短暫的朋友，不知道會不會再見面？但客套話（也是真心話）一定是——「如果有機會來台北，歡迎你們到我的咖啡店坐坐！」

而對方的回覆通常也都很客套也很真心——「啊！太好了，我一定要去找你！」

沒想到，他們真的來了。

這對田中夫妻在日本一個叫長瀞的地方開了一家很特別的咖啡店，距離東京約 2 小時車程，可以搭乘西武新宿線到秩父後再轉到長瀞。

長瀞最有名的是水，是日本百水中的名水所在。田中先生家裡原來就是開咖啡店的，從小在咖啡店裡長大，他的父母有一天來到長瀞，發現長瀞水質好，空氣又新鮮，加上秋天的紅葉實在太漂亮了，就搬到長瀞來住了！

一般人搬家都有很充分的理由，但這理由聽起來實在太過冒險與浪漫，一定是因為有這樣的父母，因此田中先生也有冒險的性格，並且熱愛旅行。

田中先生和太太相遇後，因著同樣對世界的渴望和夢想，於是兩人決定將工作辭掉，一起旅行了四十幾個國家。害我忍不住在想，如果有機會我會不會這樣做？這樣的人生，感覺是不是有點暴衝啊？

當旅行來到中南美洲的墨西哥，他們遇到一家日本人開的店，這是一家和豆腐相關的店。經過一番研究和討論，田中夫婦覺得未來若在墨西哥開家小店會是人生一個不錯的選擇，於是就決定暫停旅行，先回日本為到墨西哥開店做準備！

回到日本，夢想與衝動開始與現實拉扯，接著田中太太懷孕了，至今再也沒有機會去中南美洲圓夢了。雖然夢想得先暫停，但先前墨西哥的經驗讓田中夫婦發現豆腐的製作在長瀞這個地方更為適合，因為秩父所生產的白光豆（大豆）品質非常好，加上長瀞的天然泉水，有這兩樣在地精華加持，一定能夠製作出高品質的豆腐。

　　為了更上一層樓增進技術，夫妻倆開始投入製作上的研究，花費苦心從書上、網路上尋找相關的製作知識和方法，也去知名豆腐店觀摩學習，過程中當然也曾經一直失敗，但超強正能量的田中先生笑著說：「進步的秘訣是失敗，多多失敗就多多進步，不要怕失敗！」

　　幾個月後，他們終於製作出讓大家都滿意的豆腐和相關食品，夫妻倆決定開店，結果一推出就大受歡迎，成為當地最搶手的限量豆腐，如果不早點來買，很快就賣完了！

　　人生就是這麼奇妙，田中夫婦的豆腐店，意外成為長瀞名店。

　　但其實，田中夫婦的奇妙故事還有續集。長瀞有一幢百年的老房子，田中夫婦因著對古民家的熱愛，大約在 7、8 年前看上這棟荒廢 10 年的老宅，但因為非常破舊，需要整理，於是，他們找到另外一個空地，重打地基，然後將房子抬高了大約 1.5 公尺，整棟移動到現在的位置上，經過半年的整理，重新讓這棟房子復活。

　　我聽得目瞪口呆，無法想像這是多大的工程，要是別人一定早

就放棄了，田中先生卻很樂天地說：「幸好政府有補助，加上我們已經愛上這棟老房子，無法自拔了。」

我第一眼看到這棟房子也愛上了，整棟木造建築帶著深咖啡色的歷史感、挑高的空間和淡淡的木頭香氣，很難想像它當初荒廢 10 年的樣子，會不會覺得那是一間鬼屋呢？

重生後的老房子前半部是豆腐店，而整棟房子最精華的部分就用來當工作室和咖啡店。

我躺在整間都是榻榻米和小矮桌的咖啡店，每個小桌上都擺放著夫妻在旅行中收集的紀念品，店裡提供由豆漿、豆腐、豆渣所製作出來的套餐，都是讓人意外又好吃至極的創意季節料理。

因為豆腐製成之後，美味就會隨著時間遞減，所以每天能供應的套餐有限。我到達時是下午 1 點，店裡是客滿的，雖然已經成為長瀞名店，但氣氛還是很好。

沒想到這麼好吃的料理竟然都是大豆做的，讓我大開眼界。下午茶的時間有豆渣做的甜甜圈、豆乳起司蛋糕和此生喝過最好喝的豆漿拿鐵，整個人因為太放鬆，到了一種可以直接躺下睡著的境界，在這裡也太幸福太浪漫了吧！

但是，下一秒我就驚醒了！
因為我聽到，為了最好的品質和供應，田中夫婦每天早上 4:30

就得起床，讓已經躺平在榻榻米上的我瞬間被打回現實。

「開了店不就無法繼續旅行了嗎？」我問。

田中夫婦說：「我們還是繼續旅行，帶著孩子體驗旅行的生活，也曾經在旅行的時候碰到很多難關，我們也都一關一關地突破了，在整修這個房子和做豆腐的過程中，我們學會，人生沒有突破不了的事情，旅行讓我們更積極也更正面！」

然後他說，接下來他們要到台灣旅行，聽說台灣本地產的咖啡品質很不錯，而且台灣有個地方叫古坑，稱之為「咖啡の町」，然後就約好要到我的咖啡店來坐坐！

於是，他們真的來了，坐在我的咖啡店裡，吃著特製的珍珠鬆餅，我想，唯一能夠讓他們和孩子驚喜的，就是台灣的特產，而且我們的黑糖珍珠煮得真的很不錯。

東區的咖啡店和長瀞的百年老民屋，這種時空的錯置有點不可思議，但我知道，我在旅行中交到了很特別的朋友。

那最近咖啡店有沒有什麼特別的故事呢？
因為我愛聽故事，所以，就問了這個問題。

田中先生說，前一陣子有新加坡客人第一次來到日本，想要來賞櫻花，結果根本還沒開；後來到長瀞，想要體驗 1500 公斤重的古早木筏泛舟遊河，又因為風太大而取消；最後來到店裡，也因為

時間不對，豆腐套餐已經賣完了。

新加坡客人非常失望，就告訴田中先生說：「反正我們以後應該也不會再來日本了，大概是和日本八字不合，拜託你們還是幫個忙，至少讓我們吃到特製豆腐套餐吧！」

田中先生可以體會旅行者的失望，畢竟他們夫妻是那麼熱愛旅行，旅途中遇到這麼多不順利的事，一定很沮喪，於是他破例為他們進廚房，以現有的材料做出特別的豆腐套餐。

新加坡客人用完餐之後，非常感激地告訴田中先生：「我願意為了再吃一次你的豆腐套餐再來日本，謝謝你改變了我們的想法。」

聽完故事我哈哈大笑，因為，我的咖啡店員工們也都問我可不可以去田中先生的咖啡店員工旅行，甚至願意自費去學習。

說真的，長瀞算是日本鄉下，交通也不是那麼方便，然而在這樣一個小地方，這對熱愛工作又經常旅行，保護古蹟又活化在地風土並且創造奇蹟還能友善對待各地旅客，一直保持著笑容的夫妻，我在他們身上學習到了真正的國際觀。

不小看自己，永遠尊重別人，樂觀面對生命中每一件事，然後把它們做好，讓自己不管在哪裡都能活得耀眼。

當然最重要的是，要常常放假！哈哈！

喝一杯海軍咖啡

熱愛咖啡店的我，自從開了咖啡店之後，在旅行時難免有些職業病，也會更加注意每一家店的經營風格。

雖然有時候遇到自己喜歡的店，常常會抱著一種「可惜啊！不知道還有沒有機會再來」的心情。但說真的，以一個經營者的心情來看別人的咖啡店，常常就會有和一般消費者不一樣的眼光和看法。

來到廣島縣的吳市，因為這城市和我同姓，所以我獲邀來此參訪拍攝。知道我熱愛咖啡，還特別安排我和吳市咖啡名店「昴咖啡」的主理人細野修平先生進行一段老闆之間的對談。

若要談對咖啡的知識和經營咖啡店的歷史，我實在是沒有資格和昴咖啡的老闆對談，在他面前，我只能算是一個愛喝咖啡、愛泡咖啡店、又不小心開了一家咖啡店的狂熱份子罷了！

細野修平先生是「昴咖啡」第二代老闆，在他熱情的接待下，除了讓我安心不少之外，當然也想知道在咖啡店裡，有沒有什麼特別的故事。

在吳市，甚至在日本的某些超市或商店，都有機會看到「海軍咖啡」這個響亮的咖啡品牌。當我到了「昴咖啡」才發現——啊！沒想到這裡竟然是海軍咖啡的發源地！

先來介紹一下吳市這個地方；位於廣島縣的吳市是個靠海的城市，吳港是日本的四大軍港，因此，走在這個城市靠海的地方，對於軍事迷來說，應該會非常興奮，那些平常不是很容易看見的大型軍艦、潛水艇……等等，在這裡，就是這個城市的風景，遊客甚至可以參觀潛水艇、搭乘港內的觀光船，來一趟軍艦之旅！

第二次世界大戰日本所建造稱之為史上最大戰艦「大和號」就是在吳港的海軍工廠基地建造完成。「大和號」，可能有一些人對此軍艦並不陌生，它的故事曾經被拍成電影，在當時是日本引以為傲的軍力。大和號戰隊參與過許多重要的戰役，雖然軍艦後來被襲擊而沉沒於海底，但在吳市還有「大和號博物館」可以參觀，整個城市和海軍幾乎是緊密地依存著。

那到底「海軍咖啡」是什麼呢？和「昴咖啡」又有什麼樣的關

係呢？

　　戰後的 1959 年，吳市開了一家名為「昴咖啡」的小咖啡店，一開始老闆只經營咖啡豆生意，一桶桶來自各地的咖啡豆是店裡的特色，烘焙咖啡豆時店內飄著咖啡香，常常引人圍觀。

　　海軍長期生活在海上當然也要喝咖啡，當時喝咖啡是件高貴而時髦的事，一般老百姓不是人人可以喝得到的。因此店裡經常聚集許多當年在大和號服役的退休軍人，他們聊起以前在海上的生活，想起以前在船上可以喝到的咖啡滋味，多年下來竟成為一種鄉愁，非常想念。可是不管到哪裡喝咖啡，都始終找不到當年在船上喝的咖啡那樣的風味。

　　於是他們和昴咖啡的老闆討論此事。老闆為了重現二次世界大戰時期戰艦上咖啡的滋味，一一記錄下大家對此咖啡的風味和回憶。又從文獻中找尋當年海軍物資補給的路線和沿線生產的咖啡豆的種類，不斷地嘗試和調配，並邀請當年的軍人們試喝調整，終於找到了在大和艦上的軍人們天天喝的咖啡風味。

　　當他們在多年之後再喝到一口同樣味道的咖啡之後，那是一種無以形容的感動。而老闆努力復刻了當年軍艦上咖啡風味，於是大家便稱此款咖啡為「海軍咖啡」。直到現在，這海軍咖啡的風味仍然存在，人人都可以喝一杯海軍咖啡。

　　「昴咖啡」已經來到第二代傳承，所以細野修平先生認為除了

守住原來父親的經營思維，因應現代社會應該有更多不一樣突破性的做法。

　　拿出父親咖啡職人的精神，細野先生拜訪世界各個重要的咖啡產地，一心想要尋找出更適合日本人口味的咖啡豆和烘培技術。

　　現代社會因為人人忙碌，有時候只是想單純的喝一杯咖啡。於是細野修平先生將咖啡店稍微轉型，除了一桶桶的咖啡豆和烘豆機之外，增設一些座位，同時也在門口設置一個煮咖啡的外帶吧台，又在店旁開了一家小小的咖啡店用來介紹昴咖啡的歷史。

　　我問他：「既然要開咖啡店，為什麼要開小小的呢？」

　　面對這問題，細野修平先生認真了起來：「咖啡是一種分享，父親花了那麼多時間才找到海軍咖啡的味道。而除了持續將好的咖啡豆介紹給客人之外，其實我正在進行另一個特別的計畫！」

　　一聽到有特別的計畫真讓人興奮，這時，細野先生要我先喝一口海軍咖啡。

　　「這計畫並不是為了賺錢賣更多的咖啡，而是在研究各種不同的豆子之後，發現可以展現更多不同咖啡風味的可能。我們一直堅持的咖啡沖泡技術，在耳掛式咖啡興起後，我有一些新的想法。」

　　「從上一代父親的咖啡筆記和我的研究，這麼多不同風味的

咖啡，如果要將想法發揚光大，靠著單杯單杯咖啡是無法發揮的。市售的耳掛式咖啡有其優缺點，我研發出一個新的耳掛，你可以試試，這可以在沖泡過程中保留更多咖啡香味的同時，也有手沖咖啡的優點。我將耳掛式下方的咖啡袋做了調整，變成像是沖煮咖啡時的圓錐設計，這樣一滴一滴的咖啡將可以最忠實地呈現出我想要的感覺！」

說著說著細野先生拿出了一個小麻布袋。「這裡面有 31 種不同風味的咖啡，依照咖啡的特性有不同的包裝和名字，都是使用我所研發的耳掛式咖啡設計。KEN さん你也經營咖啡店，我將這 31 種咖啡送給你，你回台灣後，一天喝一包可以喝一個月。天天有不一樣的咖啡可以享受。有機會回來吳市找我，我們可以再次好好討論一下！」

最後，細野修平先生將麻布袋拿給我，裡面還附了一張他在世界各地研修的 DVD。

這個禮物雖然有點嚇我一跳，但是當我回到台灣時我真的天天喝一杯他所研發的咖啡，同時記錄一下不同的風味。有一天我拿起其中一包咖啡，上面寫著 「海軍咖啡」。我想，他真的做到發揚光大了。這可以算是他們父子兩代職人的精神結晶。

喝著喝著，突然感受到這樣聯手的好意，心中覺得好溫暖。

相遇在他鄉

在求學的時候，我嚮往這個世界，不過當時沒能力出國，許多在課堂裡所學的都止於想像。我瘋狂地看電影，很多電影都將我對世界的渴望表現出來了。

直到開始在世界各地旅行，現在似乎很容易就可以在許多地方遇見來自台灣的學生。除了旅行，打工換宿、交換學生、short stay的也不少，因此我也有了一些在異鄉的相遇故事。

那一次，我們來到廣島的安藝太田町，這裡幾乎都是農家。因為「來去鄉下住一晚」盛行，所以當地很多農家都開放體驗行程，我拜訪的是一家有台灣新竹香山高中的同學入住的農家，並且和她們一起體驗晚餐。

當車子越來越接近山上，每過一個隧道，就發現世界變得更加雪白，放眼所見，幾乎只剩下一片白色的世界，雪還在下著，積雪讓車子行走緩慢。

從台灣來到這遙遠又冰天雪地的地方，天色漸暗之後，路旁的積雪已經高得嚇人，相對於農村的矮房，有一種不對襯的比例。來

到這戶農家時，屋子本身看起來就像是埋藏在雪堆中一樣，屋內的燈光讓人感覺特別溫暖，看到炊煙裊裊升起，應該是已經在準備晚餐了。

走進屋內，就像一般的家庭一樣，媽媽帶著女兒和來自台灣的四個女同學在廚房裡面忙碌著。

「哈囉！妳們好。」

可能我意外的拜訪嚇到了大家，四個穿著新竹香山高中制服的同學，看到我的出現，眼睛張很大地笑著，有點不知所措。

哈哈！應該沒想到吧？大好人的驚喜已經沒有極限！

廚房裡，媽媽正帶著女孩們做豆皮壽司、包飯糰和章魚燒，大家一邊聊天一邊手忙腳亂地忙著，在小小的烤爐上滾動著章魚燒，和她們差不多年紀的女兒正在說明製作的技巧，雖然彼此的語言不是很順暢地溝通，但在同樣青春的氛圍裡讓大家都很享受這段來自異國的熱情和友誼。

　　我一時手癢也跟著加入烤章魚燒的行列，一不小心翻轉不成，麵糊就燒焦了，廚房裡頓時傳出焦味和大家的笑聲！

　　「廚房讓她們去忙吧！你來陪我喝茶。」此時家裡的老爺爺招呼我到客廳，指著客廳旁一層層擺著女兒節娃娃的擺飾介紹，「因為女兒節快到了，所以家裡特地擺設女兒節的裝飾。這是下午和同學們一起完成的，目的是希望大家能多了解一下日本文化。」

　　老爺爺請我喝玄米茶，因為是種田的農家，米都是自己炒的。喔～難怪喝起來有一種特別的香氣。

　　爺爺還開玩笑說：「有時候肚子餓了，就將炒好的米當零食吃掉了！」

　　一家人與同學一起準備晚餐、一起吃晚餐、一起看電視、一起洗碗，還一起鋪床。下午的時候除了一起將女兒節的擺設弄好，還

一起打了一場雪杖。

很難想像，在幾小時前他們還只是陌生人。

一家人雞同鴨講地努力和客人溝通著，很努力要將日本文化介紹給來自台灣的同學，後來還發現女兒和同學們的共同偶像是「東方神起」。

離開時，屋外的積雪讓人有點寸步難行，向同學們和一家人告別離開後，發現爺爺獨自站在雪地中送別我們，對著我們一直揮手，直到我們看不見他為止……

我一直記得那晚的笑聲和玄米茶香，在那個銀白色的國度中是那樣的溫暖。

雪地裡的小女孩

早晨七點多，在昨夜的一場大雪後，地上、樹上、屋瓦、和車頂上，都已經鋪上一層厚厚的雪。

一切實在太乾淨了，我有一點捨不得讓人和車子畫過白雪，在雪地裡留下腳印的足跡或一條深深的車痕，這樣似乎破壞了上帝經過一晚努力打造出來的美麗雪景。

在廣島安田太和村這個小村莊裡，家家戶戶炊煙裊裊地迎接一天的開始。

大雪仍然繼續下著，我穿上厚重的保暖外套，站在民宿門口，大口地吸了一口冷空氣，準備出發開始一天的拍攝。

民宿門口前方的雪地上，單獨走來一個小女孩，她拿著可愛的花傘，穿著紅色外套，戴著粉紅帽子，踩著可愛的雨鞋，背著綠螢光書包，手上拿著可能是媽媽才剛剛準備好的愛心便當，在雪地裡非常搶眼。

因為天氣寒冷，她小小的臉龐凍得紅紅的。她走到我面前，非

常有禮貌地對我鞠個躬，很有朝氣地道了聲：「早安！」

我一臉驚訝地看著這個可愛的小妹妹，猜她可能才國小一年級，也大聲回應她：「早安！」

她微笑地再鞠了個躬，慢慢往雪地裡走去！

相對於她的鎮定，我反而有點受寵若驚。望著她小小的腳步在雪地裡慢慢地走著，我忽然想了很多——

「究竟是家人還是老師教她要這樣做呢？」
「不知道她的學校還有多遠？」
「她很有禮貌，可是這樣和陌生人互動會不會有危險？」
「她的家人怎能放心讓小孩一個人在這樣天氣裡走路去學校？」
「或是這其實對他們來說只是一般日常，是我太大驚小怪了！」

無論如何，我都忘不了這個雪地裡的早晨和小女孩好聽而響亮的早安，一早我就上了一課，雪地裡的小女孩讓我看見人與人之間最美好的信任。

　　有時候不要想太多，用熱情融化身邊的所有冷漠吧！

走過百年石板路

　　2015 年成為日本文化遺產的高岡市，自古以來就是一個以鑄銅聞名的小城市，在這裡，處處可以感受到市民以過去的鑄銅文化為榮，不管走到哪裡都可以看到以銅為主的各樣設計；除了公共藝術之外，銅器的使用也融入了生活之中。

　　高岡市的金屋町，是高岡鑄物的發源地，街道兩旁是保留著千條木格門窗的傳統建築，2012 年被指定為重要的傳統建築群保存地區。由於觀光客不是很多，漫步在金屋町的街道上，整個時空彷彿慢了下來，很容易就走入江戶時代的歷史。

　　除了千本格子老建築之外，仔細一看，路面道路也有獨特之處。為了發揚當地鑄銅文化，一塊塊拼接而成的石板路鋪上銅片，銅片的顏色較深，所以看起來非常明顯。這條石板路已經有百年歷史，一個世紀以來都維持著同樣的風貌，用來代表此地曾有的輝煌歲月。

　　許多商家直接將過去的老屋改建成藝廊、咖啡店或體驗教室，其中最讓我驚豔的是「大寺幸八郎商店」。商店門口掛著的購物紙袋上的版畫，以黑白兩色構成金屋町街道的千本格子建築和石板

路，正是畫著百年來的風情。

為了能拿到這麼有特色的購物袋，我走進店裡，一位看起來非常和藹可親的婆婆對我招呼式地笑著。

「大寺幸八郎商店」是一間相當有歷史的商店，由初代幸八郎創立於 1860 年，家族經營的是鑄物工廠，店裡販售具有高岡在地特色的鑄物與藝品，現在已經改建為藝廊和咖啡廳，在這裡可以找到當地作家、工匠們的藝術氣息及年輕設計師的作品。

脫了鞋走進客廳，感覺好像來到一個小型的博物館，作品隨意陳列擺放，非常居家地在具有歷史感的空間中呈現出一種悠閒清雅的氛圍。不管是在客廳哪個角落拍照，都可以拍出文青風味的美好時光！

接著，剛才接待我的雅子婆婆帶我穿越客廳，來到傳統建築的後方空間，我簡直驚呆了，沒想到在這個木造懷舊氛圍的世界裡，竟然藏著一個如此漂亮的中庭花園。

花園中有棵大樹，圍繞著大樹的石頭小徑長著綠色的青苔，加上日式石造擺設，一旁開著不知名的小花，成就一個讓人完全放鬆的心靈角落，一把老搖椅靜靜擺放在玄關的角落，搖啊搖地面對著庭園，旁邊的木桌上放著一杯飄著香氣的熱咖啡。

　　雅子婆婆說：「坐在這裡喝咖啡想往事，是我最常做的事情。我很喜歡客人也能來這裡坐坐，安靜地享受往日時光。」

　　以前經營鑄物工業，工廠通常都在住家的後方，因為是木造建築，擔心鑄物高溫會不慎失火延燒，因此，為了防火安全，町家中央都有一個中庭。如今中庭成為這裡的特色，幾乎家家戶戶都在房子中央種了一個花園。

　　雅子婆婆熱情地邀請我來到後方的榻榻米小房間，打開木門之後，整個房間正對中庭花園，涼爽舒適的清風微微吹來，跪在榻榻米上，雅子婆婆搬出小櫃子裡的茶道用具，旁邊另外一位穿著和服的婆婆，遞上粉色的櫻花造型和果子，漂亮地擺放在白紙上，似乎要開始上起一堂茶道的課程。

　　這時，一邊泡著茶的大雅婆婆娓娓訴說她的故事……
　　「我年輕時接受新的教育與思想，一直以新時代女性為目標，剛嫁到這裡時，發現自己竟然來到一個堅守傳統文化的鑄銅家庭，多年來我都很不習慣，對那些舊有的事物也沒有興趣！固守在這個百年老店裡，常會有許多新的想法和改變的念頭，不過，當時間流逝而這個家的傳承落在我身上時，我不得不面對祖先留給我的家

業，不只是看得見的財產，也包含看不見的文化和傳統。我打開我的心去了解這些歷史與自身的關係，作為一個傳承者，很多事物我都必須重新學習，而這位就是教我傳統的老師！」

原來，為我們服務的婆婆也是老師。雅子婆婆一邊仔細解說茶道品茶的文化之美，可我因為跪不住而逐漸痛苦的表情卻引起她的注意。她笑著說：「雖然安靜下來好好跪著是一門重要的入門功課，但體諒你是外國人，你可以變換一下姿勢！」

我笑了出來，雅子婆婆骨子裡果然流著新時代女性的血液啊！不過，這種用心與彼此尊重，不就是「一期一會」賓主盡歡精神的最高表現嗎？

我問起了在門口看到的「大寺幸八郎」版畫海報，並且稱讚那非常有設計感也很漂亮。

「現在這個社會，很少有人會想把做每一件事的精神都盡量恢復到百年前，我的傳承理念是，用現代的設計和行銷概念，盡量恢復百年前的模樣！」

離開前，我仔細挑選了紀念品。其中有一個餅乾禮盒，一打開，我驚訝的發現，每一塊餅乾都不一樣，而且造型正是這條石板路上的石塊。

雅子婆婆真的是一位文創婆婆，她的精神好讓我感動！

ある日の冬

江戸時代に
タイムスリップしたようで
どこか懐かしさを感じていると

バッハの旋律が
グランドピアノの向こうから
聞こえてきた

お抹茶を頂き家から
ひそかに "隠れ家" にしようと思った

ひといきついて
奥のお座敷に入ると
なぜか
博物館の中にいるような
厳重な庭物の持ちになった
コーヒーをおかわりした

他に客のいない、私だけの空間を
どのように過ごそうかと
贅沢な思いが
私をあわてさせた

上品な白髪の店主が
縁側のロッキングチェアーが
ことりと揺れた…

—— 奈良・ならまち「おおてらら」にて

螢光綠婆婆

日本許多重要景點都會看到穿著螢光綠衣服的婆婆,她們通常非常熱情,因為是義工,又太熱愛自己的工作,常常巴不得將所有知道的一切和景點相關的知識都跟你分享。

通常她們都是從職場上退休之後,在自己家鄉的某個景點擔任解說員,雖然不知道錄用的標準是什麼,但我想個性一定要非常活潑,而且必須將介紹的景點當成最自豪也最珍貴的寶物,每次介紹時才能有種「一發不可收拾」的力量。

在高岡大佛前,我們和解說員婆婆一見面,她立刻拿出早就準備好的台灣八卦山大佛資料和眼前的高岡大佛加以比對,她說她研究了各地的大佛,而八卦山大佛和高岡大佛是最相似的,於是從材質到年代、從歷史到外型、從地點到影響力⋯⋯立刻像上課般滔滔不絕起來!

「高岡大佛是大佛界的美男子!」

一提到美男子,果然立刻引起大家的興趣,熱烈討論起來!
這就是螢光綠婆婆的厲害之處,在令人覺得枯燥乏味的資料

下，自有一套提升同學興趣的方法。

當我們進入大佛內，香煙裊裊的密閉空間中，螢光綠婆婆開始闡述設計的奧秘，用日文接收太多佛教用語，聽得我精神恍惚，有些缺氧，感覺自己就快昏倒了，但是婆婆依然講得非常起勁，一百多個特別的印記才講到第三個，我便尿遁外出去呼吸新鮮空氣了。

說來慚愧，這些知識在節目播出時只有部分會採用，其實只要簡單介紹即可；但鏡頭一開錄，婆婆又重回第一堂課，每一句都很重要，婆婆說無法簡化任何內容。

想想也真有趣，我們在台灣長大，對八卦山一無所悉，反倒是在高岡大佛前，從一個沒去過台灣的解說員婆婆口中，認識台灣自己的八卦山大佛。

來到山口縣岩國錦帶橋，另外一位螢光綠婆婆已經上好妝準備拍攝，但她堅持一定要從橋下開始，她說，要了解錦帶橋之美，就必須在橋橔下聽她講故事。

其實我們都理解，這樣的做法是尊重專業；但有時專業的講解常常是極細微或是鏡頭無法表現的部分，攝影師就很傷腦筋了。

從橋下一路講解到橋上，聽到最後我都成了錦帶橋專家。但令我最佩服的是，因為拍攝的關係，婆婆全程配合演出，就像一個老演員一樣生動自然，甚至主動自己加戲演出。

而且婆婆們也很在意拍出來的效果，一直問：「拍起來好看嗎？」「我看起來會太老嗎？」「我太老了沒有人要看，應該要找年輕一點的……」

說真的，我很享受每次和這些解說員婆婆們相處時，她們那種「全世界我的景點最棒」、「這麼好的東西你一定要知道」的自信與義無反顧的熱情，感受她們那種真心愛著家鄉並且享受這份工作，快樂地活著。

退休，也可以是退而不休！
我很希望自己的媽媽也能這樣，希望台灣也有這樣的服務機會；或是有一天，我也成為這樣的人。

向這些螢光綠婆婆們致敬！

人力車伕一日體驗

在日本許多觀光景點，常常可以看見人力車，這些車伕們穿著傳統車伕服飾，腳穿像忍者的鞋子，載著觀光客，穿梭在觀光景點當中，有一種特別的風情。

日本的人力車據說在 1869 年就有了，最早出現在橫濱，後來才在全國流傳。一開始只是一種交通工具，但隨著時代的進步，已經成為觀光體驗的一部分。

然而，我從來不願意試著搭乘。有一次和長輩同遊京都清水寺，長輩似乎有興趣來段人力車之旅，被我斷然拒絕，一來實在太像觀光客了，二來真的很不忍心讓人拉車，覺得車伕們好辛苦。

山口縣萩市在 2015 年被登錄為世界文化遺產，因為工作的安排，我竟然有機會體驗萩城下町的人力車伕生活。

我的師父是一對父子，省吾先生和他 16 歲的兒子。既然要擔任人力車伕，整套的拉車服是必備的道具，省吾父子合力幫我穿上這套衣服，也找到適合我的頭巾幫我綁好，就差那雙忍者鞋。寒冷的冬天裡，穿上這身拉車服之後，如果不趕快動起來，還真的會凍僵。

上第一課時我學到，如何讓客人在車上感覺到舒適安穩，要從一上車的接待開始。天氣冷的時候，要準備好保暖的水龜（就像是古袋的暖暖包一樣），客人上座之後，先將紅色的大毛毯蓋在大腿上，毛毯邊邊必須整齊拉好然後塞進旁邊縫隙，如此一來行走時不會滑落，而且如果女性客人穿裙子，這也是一種保護，然後將暖暖的水龜交給客人，這一切是一整套的 SOP，馬虎不得，必須熟練，這也是和客人接觸時，車伕給人最重要的第一印象。

　　第二課才是開始學拉車，這時我才發現，因為人力車後方有兩個大大的輪子，所以拉起來並不如想像中的吃力。

　　本來，我以為拉車需要的是體力，後來才知道平衡感是最重要的。開始拉車前，平衡感也是讓客人感到安穩的一個重要條件，要是貿然拉起，座位上的乘客會因為突如其來的晃動而感到不安。

　　拉車時，手是不用出力的，最重要的是腰力和腳力的使用。我第一次拉車，因為聳肩而且雙手出力，拉起來非常不穩，後方乘客感覺就像在坐蹺蹺板一樣。

拉車時快跑反而是輕鬆的,如果要慢慢走,車子和乘客的重量反而會加諸在車伕身上。所以,下次請別跟車伕說慢慢走就好!

拉車最怕的是上坡,上坡時不只有重量的調整,還要維持車身的平衡,然後,有上坡就會有下坡,下坡時腰力很重要,要維持好均速,不能暴衝,這一切都是為了要讓客人感到安心。

最後,因為人力車沒有後照鏡,車伕也不可以頻頻回頭,所以需要靠經驗和學習來靈敏辨識後方來車和狀況。

聽完這一大堆技巧,樣樣都是真功夫,誰說人力車伕是靠體力吃飯的?

和省吾父子學習過後,我深深地感動,同時也讓我對這個工作感到尊敬。

「剛開始拉車時,我發現自己必須更熟悉每一個景點的歷史和故事,同時客人也會有許多各式各樣的問題,讓我體認到,身為車伕的我也要當一個好的解說員。所以,我開始反覆練習介紹詞,希望客人能因此愛上萩城下町,可能因為這樣,我現在覺得自己的故鄉是偉大的,我也愛上這個地方的獨一無二!」

16 歲的年輕車伕對我描述他對自己工作的看法,雖然一臉稚嫩,卻對自己的家鄉和工作充滿熱情。

我相信天下的父母都不想把這份勞動傳承給孩子，因為大家都希望自己的孩子未來能有一份被主流社會認同的工作。

但一個 16 歲的孩子之所以會有這樣的體認，是因為他生長在這個地方，雖然他也一樣要上學，一樣使用網路，但他的世界裡有一份對這個工作的傳承和責任感。

此時我內心的矛盾出現了！以前，我總認為找車伕拉車觀光是一件不好的事情，但在省吾父子身上，我看到的是專心做一件事並且做到最好的精神。

省吾先生告訴我，一百多年下來，這份工作成為一門藝術，而不只是歷史，大家在搭車的同時，就是在支持社會維持這個傳統文化，不會因為時代的改變而消失！

我想我懂了。

當我坐在車上時，我也看到不同於走路時的角度和風景。更重要的是，我們正在支持一個傳統行業邁向未來。

夢想與傳承

山口縣的山口市,是一個以溫泉聞名的城市。

從各地來到山口市度假的人不少,有一些老飯店因此維持著將近百年來的風情。當然,老飯店一定要有新思維,否則很容易失去競爭力。

這晚,我來到一家 80 年歷史的老飯店「西の雅 常盤」。

一進門,立即感受到溫暖。一位看起來有點年紀的老總管在門口招呼著,一旁還有三個帶著靦腆笑容的可愛服務生,用標準的中文對我說:「歡迎光臨!」

人與人初見面的微妙直覺,讓我察覺這三位服務生有一種特別開心興奮的心情!果然,她們來自台灣,目前正在山口大學當交換學生。

其實來到山口市是有些寂寞的,畢竟這裡不是大城市,在求學與工讀之間幾乎沒有太多的娛樂可以選擇。

我問她們:「妳們來這裡開心嗎?」

我得到了很棒的答案──

「很開心，而且學到很多東西！」

三個來自高雄餐飲大學大三的同學，到山口大學當交換學生已經 5 個月了，從學習日文到最基本的接待客人，為了追求自己的夢想，她們每天都勤奮地在學校讀書和學習飯店服務。

「會想家嗎？」我問，但答案是很肯定的，誰不會想家呢？但她們還是一直用可愛的表情回應我的提問，我相信她們是真心想在這裡學些東西。

「過年雖然無法回家，但家人有來這裡看我們，我們也有好好服務家人們，所以很開心！」

在人生旅途中，她們正在累積經驗，慢慢茁壯，朝著夢想一步步邁進。

從剛剛就在一旁看著我們對話的老總管，笑容滿面地說：「她們很認真，我很喜歡她們。」

三位女同學立刻開心地一起用整齊的日文鞠躬回應：「謝謝老闆！」

啊！失敬失敬，原來是老闆。
這麼大規模的飯店，老闆竟然親自在門口接待和服務客人？

當我看到老闆親自教導這些實習生，並且相處非常愉快，員工不怕老闆卻尊敬老闆，老闆疼愛員工也常常讚美他們。

夢想與傳承並不衝突，在這飯店裡一點一滴我都看到了。

其實，我原本只是來這裡吃晚餐，結果開心地和老闆及台灣來的學生聊起天，突然，飯店大廳一陣騷動。
好像有大明星來了！

很多人拿起相機拍照，還有人搶著合照，基於職業的敏感度，我們也拿著攝影機跟過去。

到大廳一看，我真的是嚇到了！
是一位老太太，穿著看起來有點破爛的衣服，而且臉上還塗著墨汁，看起來不是什麼大明星，但她的確正在和客人一一拍照。

好奇地問了老闆，她是……？
不問還好，一問就糗大了！竟然是老闆娘！

飯店老闆娘不都打扮得漂漂亮亮而且雍容華貴嗎？但眼前卻是一位穿著破衣的老太太，還用墨汁塗臉，要是半夜在飯店走來走去，真的會把客人都嚇跑啊！

但得知她的故事之後，卻讓我敬佩到說不出話來，於是我也乖乖加入排隊的行列和她合照留念。

老闆娘宮川高美今年已經 71 歲，她在 20 歲那年就繼承了老家的旅館，可是，實際上她的興趣是表演，和先生相親結婚後她把飯店交給先生管理，每晚都在飯店為客人表演，至今已經 51 個年頭，她從不請假，51 年來只有生孩子那幾天休息，表演從不間斷。

　　宮川女士小時候是個才藝美少女，4 歲就開始學習日本舞，琴藝也達到師範等級，本來靠著表演日本舞和琴藝，將自家的老旅館重振起來。不料後來遇上日本的泡沫經濟，飯店經營陷入困難與危機。因為這個契機，宮川女士開始改變表演風格，她設計了 70 種以上的表演段子，其中最受歡迎的是喜劇。

　　於是我們才會看到她以瘋癲的方式表演，久而久之飯店的劇場天天爆滿，大家都愛她的演出。每天表演結束，她就在大廳和大家拍照，分享她的人生和表演藝術。

　　「正因為當時身處瀕臨絕望的時代，所以才要靠絕對逗趣的娛樂來度過難關，要打破現狀，才會有浴火重生的機會！」

　　聽完老闆娘的分享，立刻想給她一個大擁抱。

　　我又再度在這裡看到夢想與傳承不但沒有衝突，而且更接近理想。

　　這對老夫妻，不就是我的導師嗎？

白狐溫泉的靈感泉源

寫這本書的時候，常常在尋找一個最適合書寫的地點，有時候是我家附近的咖啡店，或是灑落陽光的小公園，雖然常常若有所思，想著每一段在旅途中相遇的人和他們的故事，卻無法振筆疾書，寫作的靈感不來，進度也嚴重落後。

後來我來到山口縣有名的白狐溫泉，走進一家小咖啡店時，我就知道自己和它相遇了。

這家咖啡店小小的，卻是全世界最獨一無二的角落，走進店裡，脫鞋走上一個原木平台，面對的是可以全部打開的落地窗和細緻美麗的日式庭園，七張椅墊沿著落地窗隨意擺放，靠在有木頭香氣的桌面上，坐下時雙腳剛剛好伸進桌下的水池，池裡流動著極為溫暖的泉水。

我點了一杯熱咖啡便開始寫作，透過雙腳流動著的溫泉，忽然有一種全身心靈被洗滌的感覺，好像一種神奇的療癒力量，補足了乾涸的靈感，一下子就完成許多篇文章。

後來店長告訴我一個附近的傳說。「有一隻受傷的白狐狸，每

天跑來這裡靜靜地感受靈氣療養，後來一個和尚發現後，便在此地挖掘，湧出了泉水，於是稱為白狐溫泉。」

難怪我也感覺到了這股力量。

這家咖啡店同時也是一個小型的藝廊，展示著山口縣藝術家的作品，客人如果來到這裡，也可以換上由當地設計師設計的足湯專用服裝，浸浴在好心情裡。

過去這裡是一間銀行，後來政府收回自營，轉型為咖啡廳，還推出白狐狸冰淇淋，冰淇淋外層是豆皮，因為在日本，豆皮又稱為稻荷，狐狸也稱為稻荷，因此便有此創意。

為了推廣山口縣的清酒，這裡也有 16 種當地產的清酒可以喝，所以不難想像在這樣一個能夠一邊泡著足湯，一邊喝著咖啡或清酒，又充滿自然意境的地方，全身都放鬆了的情況下，我是多麼文思泉湧了！

實在捨不得離開這裡，和我身旁兩位正在討論工作內容的年輕人聊天才發現，原來只要需要靈感時，他們也常常來這裡。

果然，我們都有白狐狸的聰明，知道這裡真是個好地方！

但是回到台北某個咖啡店的角落，我必須非常努力，才能把自己和那些回憶連結上。看來，為了好好寫書，我必須去白狐溫泉的小咖啡店住一段時間才行。

這一夜，與詩人相遇

　　走出那讓我極有靈感的白狐咖啡店之後，正對面有一棵漂亮的大樹，樹下有一塊燈光打亮的石碑，上面刻著：「中原中也　誕生之地」。

　　中原中也是誰呢？這麼想著的同時，突然想到，剛剛在咖啡店內參觀了一個當地藝術家作品展「山口物語」，其中有一個木刻作品是「手持酒杯愛喝酒的近代詩抒情詩人 —— 中原中也」。

　　原來詩人的誕生地就在咖啡店的對面，也難怪我在這裡文思泉湧，這地方真的是地靈人傑啊！

　　我在山口市前後住了兩間不同風格的飯店，一間洋式，一間和式。其中那個和式的房間，我一走進去就看到桌上擺放著一本《中原中也の詩集》。

　　這個不斷出現的名字，引發了我的興趣，同時，看著桌上擺著的詩集，也讓我感動。到底，中原中也是個怎樣的詩人？為何讓當地人如此地引以為傲呢？

中原中也，生於 1907 年，逝於 1937 年，是昭和時代最受年輕人喜愛的明星詩人、歌人，也是翻譯。

他八歲時因為經歷了弟弟的死亡，成為他詩歌創作的原點，中學時就開始投稿短歌，也和朋友一起出版詩集。小小年紀就開始寫詩的他，人生只有短短的三十年，就因病過世，生前留下 360 篇作品，死後大大成名。

在他一生的創作中，圍繞著三個主題：活著、愛著、痛苦著，許多作品都被選進日本的國語教科書。

一整個晚上翻閱著他的詩集，我感覺到他的孤獨、他的直接、他的陰暗、他的微弱、他的自白。我不自覺地想要朗誦他的作品，因他將詩入歌，讀著讀著總有一種旋律感。

汚れつちまつた悲しみに……

汚れつちまつた悲しみに
今日も小雪の降りかかる
汚れつちまつた悲しみに
今日も風さへ吹きすぎる

汚れつちまつた悲しみは
たとへば狐の革裘
汚れつちまつた悲しみは

小雪のかかつてちぢこまる

汚れつちまつた悲しみは
なにのぞむなくねがふなく
汚れつちまつた悲しみは
倦怠のうちに死を夢む

汚れつちまつた悲しみに
いたいたしくも怖気づき
汚れつちまつた悲しみに
なすところもなく日は暮れる……

這境界太淒美了，我試著翻譯如下：

悲傷不再純粹……

因悲傷不再純粹
今天也下起小雪
因悲傷不再純粹
今天連風也狂吹不已

因悲傷不再純粹
就像狐狸的裘革
因悲傷不再純粹
小雪飄落身上而蜷縮著

因悲傷不再純粹

不奢望什麼也不渴求什麼

因悲傷不再純粹

在倦怠之中夢見死亡

因悲傷不再純粹

不忍看見又感覺害怕

因悲傷不再純粹

一籌莫展之際　夕陽西沉了……

——選自詩集《山羊の歌》

中原中也在失去愛情與朋友離世的痛苦中，寫下了這首詩；我相信在一百年前，他肯定是一個非常前衛的年輕人。

最近無意中看到一篇報導，我才發現之前就已經在太宰治小說改編的電影《人間失格》知道這位詩人，電影中飾演中原中也的是V6的森田剛，不過這個角色是電影改編時加入的，小說中並不存在。

後來，收到來自山口縣的朋友從日本寄來了中原中也的詩集，我想，我可以透過這篇文章讓大家認識一下這位詩人。

同時，我也佩服日本重視文化財的精神，讓我這個外國人也開始讀起了中原中也的詩。

輪島朝市的元氣

輪島朝市是日本的三大朝市，相傳有千年歷史，大約早上 8:00 左右開始，當地的漁販和農夫會陸續來擺攤販賣最新鮮的食材，因此吸引不少觀光客前來，短短的一條街，兩旁的攤位各自吸引招攬客人，有現買現煮的海鮮，也有剛剛從田裡採摘的蔬菜和水果。

聽說最著名的就是這裡的「阿嬤」，每個都很有精神也很會做生意，在日劇《小希的洋菓子》裡，阿嬤就是在這裡充滿活力地喝下一瓶能登牛奶。我靜靜站在路邊看著這些阿嬤的叫賣，有的充滿豪氣，有的有點悲情，譜成一幅精采的風景。

這種傳統朝市吸引的都是年紀較大的人，走一趟就會發現，從賣東西的老闆到逛朝市的人，年紀幾乎都在六十歲以上。

所以其中有個攤位和一群學生吸引了我的目光，他們在眾多攤位中很努力地喊著：「早安～看看喔！」有的喊得非常大聲，有的顯得害羞，和一旁的老先生、老太太相比，他們不但非常稚嫩，而且似乎也有些害怕人與人的眼神接觸。

一旁有幾位看起來像是老師的人在協助，我因為好奇而停了下來。

　　當我站在攤位前，同學們突然非常安靜，只剩老師很開心地向我介紹產品。有魚醬、海鹽、手工餅乾和自己縫製的和服布料小包包，因為賣得非常便宜，直覺告訴我這應該是學校的社團義賣或是籌募經費的課程。

　　經過老師的解釋我才知道，原來這些同學是學校裡的特殊學生，這個活動是要幫助同學們學習獨立，並且習慣與人相處。攤子上的手工餅乾和小包包是學生們的習作，經由販賣讓他們認識自己的價值，同時也得到成就感。

　　東西賣得便宜，是因為希望有更多與顧客之間往來的機會，賣出後再去批貨回來賣，不需要有太多利潤，目的是讓同學們早日學會和社會的互動。

　　而且輪島朝市每個攤位都認識他們，並不會因為他們賣得比市

價便宜而擔心被搶走生意，現場每一位經過的爺爺奶奶都會對他們招手微笑，為他們打氣！

　　我蹲下來挑選的同時很認真地和同學們對話，幾乎把我的早餐費全部拿來買他們的東西。在這樣的交流之間，我感覺到同學們很努力想要與我互動的興奮心情，也看到一旁的老師們很有愛地笑著。

　　雖然朝市幾乎只剩老年人與觀光客，但是我在這群可愛的同學身上找到了今天的元氣和面對未來的勇氣。

無敵鐵金剛

童年回憶中，每天放學趕快寫完功課，我最期待的卡通會在6:00播出，那時候幾乎家家戶戶的小朋友都會一起大聲唱：「無敵鐵金剛，無敵鐵金剛，無～敵～鐵～金～剛～」，然後看著無敵鐵金剛如何擊敗壞人，拯救世界。

印象中，雖然能飛能打的英雄卡通很多，但我卻特別偏愛無敵鐵金剛，每集看完都捨不得關電視，連片尾都不放過，所以對於片尾一定會出現的那個名字「永井豪」，從小就印象深刻。

永井豪，就是「無敵鐵金剛」的作者，生於日本的石川縣輪島市。因為他的兄弟將「漫畫之神」手塚治虫的作品介紹給他，所以他很早就立志要成為一個漫畫家。19歲的時候，他身患重病，他問自己：難道我要這樣就死去嗎？於是開始了漫畫的創作。

輪島朝市有一座「永井豪紀念館」，在他成長過程中，他就是在這條街上玩耍，培養了對世界的想像。

因為擁有一座紀念館，很容易讓人誤以為這裡是紀念永井豪的

地方，其實他至今仍然健在，而且每年都會回到紀念館，拿起畫筆就在館內的牆上隨意畫畫。參觀的時候看到他每年畫在牆上的作品，可以想像他是個童心未泯的大人。

童年離不開「無敵鐵金剛」的我，剛開始主持節目時，爭取到台北漫畫博覽會永井豪老師記者會的主持工作。老師不但親切隨和、談笑風生，而且我還得到老師的親筆簽名畫板，因此，當我來到老師的故鄉輪島時，我也帶著這塊珍藏的簽名畫板同行，雖然知道見到老師的機會渺茫，但我真的很想帶著這個珍藏到紀念館走走（其實是獻寶）。

當我在館內拿出老師的簽名畫板時，連工作人員都驚呼：這實在太珍貴了！因為老師已經不輕易簽名，而畫在牆上的畫，也只能永久保存，誰也帶不走！

我在館內看到許多老師的手稿畫作，真的非常佩服他以正義為中心的思想以及天馬行空的想像力！

這些手稿勾起我許多的回憶，那些卡通的角色彷彿活生生地躍然眼前，讓我好感動，是他們豐富了我的童年，那些下課後最期待的時光，還有同學們平常以卡通為腳本的玩鬧，是那麼地難忘。

故鄉總是給我們養分，讓我們滋長。

可能是希望來參觀的人也可以得到啟發或學習，紀念館內也有電腦繪圖的設備，不但可以學習畫漫畫，還可以列印下來珍藏！

紀念館外風雨陣陣，天色陰暗，風很冷，但心是溫暖的。
我和我的童年在此相遇，還有永井豪老師。

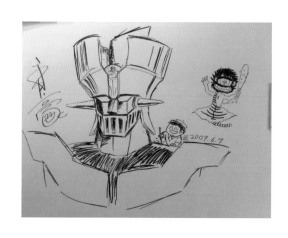

世界上最美的星巴克

「全世界最美的星巴克」這樣的頭銜，會不會是吸引你前往一探的原因之一？

這幾年，我熱愛加入咖啡館行程的旅行，但我喜歡獨立經營、充滿故事或是可以發掘老闆獨特品味的咖啡館；至於連鎖的咖啡店，通常不在我的拜訪名單之列。

但是，「最美的」再加上「全世界」，就有一種說不上來的吸引力，不親自走一趟好像會有遺憾的感覺，被稱為「全世界最美的星巴克」竟然是在亞洲，就是日本富山縣的富岩環水公園店！

在日本有所謂「10 間最美麗的星巴克」，2008 年，富山環水公園店在全世界 2 萬多家星巴克中被評選為「最美」，所以來到富山，這家星巴克已經被我列為必去的地方之一！

到達的時候太陽下山了，位於富山環水公園斜坡草地上的星巴克正透著溫暖的燈光，據說這是日本第一座興建於公園內的星巴克。咖啡店外，12 月初運河邊的冷風將我吹得頭疼，急需享受一杯咖啡的溫暖，坐下來好好休息一下，結果客滿了。

我觀察店內的情況，整座咖啡店有三面落地大窗，店裡的桌椅似乎比一般咖啡店稍微矮一些，室內建材以木材和暖色系為主，因為已經是晚上了，看不見屋外的風景，只依稀可見鄰近建築物的燈暈、運河大橋上打亮的燈光和每隔一段時間出現的燈光水舞，有一些情侶漫步約會，有人騎著腳踏車，讓夜晚的景色活潑又浪漫。

　　若不是因為天氣太冷，屋外溫度很低，我很願意端著一杯咖啡安靜坐在面對運河的平台上，聽著店裡播放的爵士樂，看著人們輕鬆的交談，感受那股流動而愉悅的氣氛。

　　於是，我決定隔天起個大早來吃早餐。早晨剛開店，人沒那麼多，我可以挑選喜歡的位置。

　　屋外木頭平台上，我稱之為「水岸第一排」的座位，剛好有陽光照射，是個吃早餐的好地點。

　　沿著運河，有一些早起運動和遛狗的人。河面上，一些水鳥正

整理著羽毛，做著日光浴，偶爾嬉戲著，在水面上低空飛行。

運河邊這塊斜坡草地上，只有這一棟建築，整個視野非常遼闊，刻意設計成方正扁平的建築物，融入時尚的自然感，同時也考慮到周邊景觀的一致性，低調而不突兀。特別是在咖啡店的左邊，有一整排的櫻花樹，相信當櫻花盛開，這裡又是另外一番風景。

若以季節來看，春天的櫻花、夏天的青綠、秋天的紅葉、冬天的白雪，融入大自然美麗的景色，可以沒有任何視線上的障礙眺望整個運河。

在吧台點咖啡時，我還發現有個特別的小黑板，上面畫著一些插圖，寫著「環水公園冬天時的朋友們」，特地將水鳥的種類做了介紹，另外旁邊還畫上附近經常來的一隻狗狗好朋友，詳細地介紹了牠一歲五個月、喜歡吃肉和烤甜薯，興趣是游泳，感覺真的很可愛，好想和牠見一面。

世界最美的星巴克，原來不是來自建築物的外觀或內在的設計，我看到的是一種對環境尊重、不奪取，並且和在此地生活的人

們與動物和平地共處。

　　深呼吸一口冷空氣，再啜一口溫熱的咖啡。我們找的幸福，不就是這樣嗎？

敬這份不解之緣

我已經想不起來第一次去沖繩是多久以前？大概是二十多年前的事了，但我還是記得，那年夏天第一次踏上沖繩這塊土地的感覺。

那是沒有網路、沒有單軌電車、也沒有人寫沖繩旅遊書的年代。

當時沖繩旅行對台灣人來說還是冷門的，印象中爸爸好像有跟著旅行團來過一次，回來之後告訴我們小朋友：「沖繩很像台灣。」後來我長大開始自己旅行之後，沖繩一直就被我晾在一旁。

有一年，一直聽著日本流行音樂的我，突然發現自己喜歡的藝人和團體之中，很多人都來自沖繩，像是 MAX、SPEED、DA PUMP，還有我的最愛——安室奈美惠；再仔細研究我還發現，他們竟然來自同一所學校。

當時我在心裡想著，這所學校真的非同小可，竟然培養出這麼多大明星，於是懷著一種朝聖的心情，決定為了安室奈美惠、為了這所偉大的音樂舞蹈學校而去沖繩，親自到這所學校裡走一走，然後再告訴聽眾們我親眼所見的一切。

當時是沒有 Google 的年代，真的沒有太多資料可以收集，我決定先飛到沖繩再說，我相信這學校一定非常有名氣，隨便問一個沖繩人都一定會知道吧！

抵達沖繩之後，隔天我竟然碰上颱風過境。因為沖繩沒有高山高樓，颱風一來真的相當可怕，我一整天都待在民宿裡面看電視和雜誌，哪裡也去不了！印象很深刻的是，當時電視和冷氣都是投幣的，投多少錢就使用多久，雖然我哪兒也沒去，可光是投幣電視和冷氣就花掉不少錢！

當民宿老闆娘知道我來沖繩的目的後，她非常驚訝地告訴我：「我知道你說的那個地方，但你確定是一間學校嗎？那個地方就在我們民宿後面而已耶！」

颱風過境的傍晚，還下著大雨，我撐著傘，迫不及待地前往民宿老闆娘口中的地點一探究竟。

本來，我以為學校除了教室，應該還有操場、福利社……，結果場景和我想的完全不一樣，就是一間在小百貨公司樓上的教室而已！

但是我非常確定我來對地方了，因為門口貼了許多當時熱門歌手當年在這裡上課的照片，以及各式各樣被學校拿來宣傳的唱片海報。當然，安室奈美惠一定放在中間，小時候的安室也好可愛啊！

不知道為什麼，教室門開著，也沒有管制，可能是颱風的關係吧？於是我一路繞行了教室一圈，看到有些同學正在練習，有人在舞蹈教室練舞，還有 DJ 訓練正在刷碟，也有學生在自由彈唱，大家都穿著便服，年紀大概都只有十幾歲左右，但看起來都偏向街頭打扮的風格。

結果不用五分鐘我就參觀完了，原來，我心裡一直想朝聖的學校，其實就是類似現在練習生的補習班。但不能否認地，這裡真的培訓出好多稱霸日本歌壇的人物。

走出這所學校，門口就是沖繩知名的國際通，我真的不知道還能去哪裡？就在國際通上不斷來回逛著。

後來，我常常來沖繩，來短暫旅行、來工作、來採訪、來看演唱會、來拍攝外景……，距離台灣一個多小時的沖繩對我來說，就是一個融合台灣和日本的地方，也因為實在來過太多次了，對於沖繩的回憶特別多。

2017 年夏天，接到日本 NHK-FM 的邀請，來到沖繩參加 NHK-FM「今日は一日 " 安室奈美惠 " 三昧 in OKINAWA」的特別節目，在廣播現場節目中以台灣流行音樂節目主持人的身分，擔任嘉賓談談安室奈美惠對台灣的影響以及幾次和她訪問交流的經驗。

主持廣播節目這麼久，目前也在日本 TOKYO FM 主持介紹台灣流行音樂的單元，但是以來賓的身分受邀並接受訪問，真的還是

全新的經驗。

因為安室奈美惠出身沖繩，她出道 25 年的演唱會首場也特別選擇沖繩為起點，NHK-FM 特地在沖繩製作特別節目對全日本播音，當天還邀請土屋安娜、AI、香里奈……等和安室有互動的藝人上節目擔任來賓，陣仗搞得很大。

事隔二十餘年，雖然經常往來沖繩，但因為這個節目，又好像一個命運的圈圈，把我又帶回來這裡。在飛往沖繩的飛機上，我想起當年獨自一人飛到沖繩的往事，在手機裡寫下了和沖繩初見面的回憶。

抵達沖繩之後，立即被接往 NHK 開會，說真的，我從來沒有特地為了廣播節目和來賓開會討論內容。在專屬 KEN 的休息室，我和導播、主持人、節目企劃一起開會，他們拿出一本腳本，說明這是今天和 KEN さん的節目內容，因為態度太正式了，讓我有點受寵若驚。

開完會後，就是自由活動時間，只要在上節目前一個小時回到休息室就可以了。

在這段休息的時間，因為覺得這次像是一趟帶有意義、有著命運安排的沖繩行，我慢慢走向國際通附近那家當年的民宿。

20 多年來，民宿真的還在，而且看起來似乎沒有太大改變。

我記得颱風那天，曾經冒雨跑到隔壁巷子的拉麵店吃了一碗熱騰騰的拉麵，於是想要再次回味那碗拉麵的滋味，走進巷子，拉麵店也還在。

只是，拉麵店門外大概排了三十多個人，我嚇了一跳！我記得當時這家店絕對是不用排隊的啊！

突然間，覺得人生好奇妙。
20 年之後，你不知道時間會把你帶到哪裡？

民宿還在；
拉麵店成了排隊名店；
安室奈美惠成為亞洲最有影響力的女歌手，同時也是台灣最受歡迎的日本女歌手，2018 年 9 月 16 日引退。

等一下，我就會透過廣播對全日本說說我的故事，回應剛剛開會時節目主持人的提問：「請 KEN さん介紹一下當年為什麼會來沖繩？第一次來的目的是什麼？」

能夠繼續努力地活著真好，人生好棒，敬這 20 年！

祕密花園裡的咖啡屋台

　　起個大早，想趁營業時間開始之前，拜訪沖繩一家非常特別的咖啡店，據說，一定要趁好天氣時去，如果下雨，咖啡店就不營業了！

　　聽起來很跩，如果下雨就不營業的咖啡店，老闆肯定不愛賺錢，個性應該也有點怪怪的吧？

　　前往咖啡店的路上，我心裡嘀咕著，這家咖啡店真的是隱藏版，不但在社區型公園旁的小巷子裡，四周又都是平房和公寓，也沒看到招牌，真的很難找。走進完全不在想像範圍中的窄巷，寬度大約只能兩個人勉強並肩同行，會看到一扇爬滿藤蔓的木門，上面刻寫著的 COFFEE 字跡已經斑駁得幾乎要看不見了。

　　推開木門，連稱為咖啡館專門的我也驚呆了！
　　這、是、一、家、咖、啡、店？！

　　它的名字，咖啡屋台。

　　日文裡，「屋台」兩個字的意思是：簡陋的舞台或臨時搭建的

攤子。

難怪這裡下雨不能營業，因為除了一棵大樹，幾乎完全沒有可遮蔽的屋頂，更確切地來說，這裡其實是高樓民宅之間的一塊空地。

但這裡很漂亮，真的是一個戶外花園，大樹下有木桌椅，土地上自由長出各類的植物，陽光灑落，涼風吹來，一個木造的小吧台裝上輪子放在花園中央，就是煮咖啡的吧台。

看得出來經過風吹雨打、陽光曝曬，花園裡的木桌椅和吧台，呈現著一種自然風化後帶有歲月痕跡的紋路和韻味。

第一眼，我就愛上了這家咖啡店。
我無法想像，竟然這樣就開了一家咖啡店了！

基於職業病，我開始想要了解這家咖啡店到底是如何運作的。

老闆辻（TSUJI）小姐圍著圍裙，笑容親切，整家店只有她一

個人，純個人式的服務，沒有其他店員。她告訴我，首先，每天她都要帶好幾瓶寶特瓶的水來店裡，如果杯子不夠用，需要清洗或裝水，附近有一個朋友的家可以隨時補給；如果想上廁所，旁邊的小公園有公廁可以使用。

最怕的是颱風，萬一颱風要來，就把小吧檯收在安全的地方；颱風過後完全無法營業，因為花園被摧殘了，要先花一些時間好好整理。有一年颱風過境之後，她足足收拾了將近 20 袋的落葉和樹枝。

下小雨還沒有關係，但下大雨就不能營業了，有一次連下了兩個星期的雨，老客人受不了，還特地做了一個晴天娃娃掛在樹上。

如此靠天吃飯的咖啡店還真少見。不過，我覺得好浪漫。

而辻小姐果然是浪漫之人，店裡除了經典的咖啡之外，她還特別研發了帶有酸甜滋味的拿鐵，並且取名為「第一次的戀愛」。

坐在樹蔭下，我一邊喝著香醇的咖啡，一邊聽辻小姐分享她的故事。

原來辻小姐並不是沖繩人，她來自日本千葉縣，年紀輕輕的時候就在很有名的廣告公司上班，每天面對許多來自客戶的挑戰，然後用創意贏得信任，替公司爭取更多的業績。

可是，總是有自己不喜歡的客戶吧？有一年辻小姐接了公司給的新任務，是日本一家很有名的咖啡廣告行銷案，據說，這家的咖啡是出了名的好喝！

辻小姐笑著告訴我：「當時我其實不能理解咖啡到底好喝在哪？甚至還討厭咖啡，覺得它很苦！」

為了公司指派的這個任務，辻小姐才開始仔細思考自己到底為什麼不喜歡咖啡？如果連討厭咖啡的人也來喝這個咖啡，那就可以創造更可觀的銷售和效果。

因為熱愛工作的緣故，她只能硬著頭皮，每天不斷地品嚐咖啡，試著在不同的環境裡喝咖啡，試著想像愛喝咖啡的人是怎樣的心情，試著說服不愛咖啡的人也能開始喝咖啡。

於是，辻小姐開始喝咖啡了，她越來越了解咖啡，她相信在不同的氣氛下喝咖啡，會產生不同的味道，也開始能夠體會愛泡在咖啡店的人是怎樣的心情。

結果，辻小姐愛上了咖啡，而且一發不可收拾，竟然還在心裡熊熊燃起咖啡魂，她開始覺得需要一家可以實現心中夢想的咖啡店，是人生中一件很重要的事。

有一年來到沖繩旅行，她愛上這裡溫暖的氣候，可能是長期在廣告公司上班的壓力，讓她覺得在這裡的生活更接近自己心中的理

想，於是，她竟然決定放棄東京那份人人稱羨的工作！

在朋友的幫忙下，她用木頭建造了一個簡單的移動式咖啡車，精進自己煮咖啡的技術，每天都可以看到她推著小小的咖啡車，出現在人生地疏的國際通巷子裡。離開了故鄉，她真的在沖繩賣起了咖啡，展開新的人生。

直到九年前，她找到了這塊地，才把咖啡車帶過來這裡，把空地一點一滴佈置成一家以天為頂、綠意盎然的咖啡店。

坐在咖啡店的大樹下聽她說自己的故事，真的很難想像，一個曾經討厭咖啡的人，現在竟然擁有這樣漂亮的咖啡祕密花園。

辻小姐拿出九年前剛找到這塊空地的照片，我又驚呆了！九年前的照片告訴我，這裡根本不是什麼花園，它就是一塊堆滿碎石的空地，而且，連一根草都沒有！

看著手上的照片，我幾乎不敢相信眼前的一切，從這棵大樹到入目所及的一草一木都是九年來的自然成長，從一塊空地到一座花園，如此不可思議的無中生有，令人讚嘆又感動。

正當我決定以後來沖繩都要來咖啡屋台時，辻小姐又告訴我一件驚人的事！

「地主決定收回這裡改建大樓，所以再過幾天這裡就全部拆掉

了！」

　　辻小姐說得輕鬆，我聽得非常驚訝！怎麼有這麼戲劇性的故事，也就是說，我下次來沖繩就看不到這個地方了？

　　「我在附近的美榮橋又找了一塊新的空地，一切重新開始，我只會帶走一開始煮咖啡的這台小車。」

　　聽完之後，我靜默不語。
　　並非難過，而是尊敬。

　　寫一篇稿子如果不小心刪掉，要重寫都是一件要了命的事，不是困難，而是沒了動力。而一座漂亮的咖啡花園，曾經花了九年的時間，接下來要如何回頭再從一塊空地打造成今日的樣貌？

　　她需要的，是時間還是耐心？

　　「不要難過，我對未來充滿了期待。」辻小姐輕輕拍了拍我的肩膀。

　　本來應該是我要安慰她才對，沒想到來到這裡，我不只喝了一杯咖啡，還得到一個滿滿的鼓勵，告訴我，人生總是要繼續往前。

再見咖啡屋台

在往後的日子裡，我常常想起辻小姐。

每當我因為困難想放棄或感到氣餒時，就會想起辻小姐的咖啡屋台。時間又過了兩年，不知道她和她的咖啡店現在是什麼樣的光景？

終於這次來沖繩，我抽得出一點時間，立刻 Google 美榮橋附近的咖啡店，但所有的資料都在告訴我，我要找的咖啡店不在美榮橋，而網路上對於咖啡屋台的描述，大部分也都是舊址。但是，我真的記得當時辻小姐說會在美榮橋附近重新開始。

其中有兩筆新的消息，不過，都顯示為國際通附近。剛好我人也在國際通，雖然頂著八月炎熱的烈陽，我還是又興奮又期待地來到 Google 到的地址。

雖然我有心理準備這次應該也會是某個小巷子裡的空地，但不論怎麼找，怎麼走，都無法找到正確的地點。

我繼續用日文找資料，又找到幾篇分享文，但地址看起來也不

在美榮橋附近，天氣很熱，找得全身汗的我決定問一下路旁的計程車司機，可以載我去這個地址嗎？但司機說，這地方很近，就在附近，要我用走的。

按照網路上的指示，我再度走回國際通，在某個巷子右轉，經過屋台村後，我決定每一條巷子都走進去找找看好了。

其實，我已經有預感自己應該會找到，因為，看起來越不像有咖啡店的地方，越有可能是辻小姐開店的地點。果然，在某個巷子右轉，走了一段，通過民宅和樹籬的圍牆之後──

咖啡屋台就像夢一樣地，咻地一聲出現在我眼前！

結果才發現，今天剛好是公休的星期一。如果此刻能來一杯冰咖啡，那該有多好！看來這趟要喝一杯咖啡是不可能了！

透過白色木頭圍牆往內探，就如同先前的風格。不知道這裡是否已經搬過來兩年了？沒有在美榮橋開店，是否是另一個故事呢？

空地中央種了一棵樹，長得還不是很高，用木頭釘成的桌椅看起來也滿新的，四周種了一些植物，卻還沒能夠把這塊空地長成一座花園。

　　記得之前的咖啡屋台，我是那麼地喜歡。
　　辻小姐花了九年的時間把一塊荒蕪的空地變成可以喝咖啡的花園；而現在新的地方雖然不得其門而入，但畢竟在眼前見證了另一個開始。

　　我在牆外探頭看著，突然，我看到了熟悉的咖啡車！
　　就是那台用木頭打造的，辻小姐當時說只會帶它過來，然後一切重新開始的咖啡車。

　　那台咖啡車，就像是初心一樣。
　　只要帶著初心，不管什麼困難應該都能擁有面對的勇氣。

　　即使這天沒有見到辻小姐，但在店外看到了這一切，覺得心安，也似乎得到了力量。

市場裡的 POTOHOTO

　　電影《百日告別》中，因為車禍失去未婚夫的林嘉欣，帶著和未婚夫一起策劃的「沖繩愛吃之旅」，傷心地獨自來到沖繩旅行。這本圖文並茂的筆記本，原來是他們蜜月旅行的完美攻略，現在她只能一個人孤單地尋找店家，完成本子上的每項計畫，然後在筆記本上畫上星星。

　　看電影的時候，我很能體會她的心情，因為她走過的許多場景都是熱愛沖繩旅行的我所熟悉的，當她獨自慢慢吃著那碗沖繩 soba 時，我可以感覺得出美味對她來說已經毫無意義，麵湯的熱蒸氣剛好掩住原本要流下的淚水。

　　電影中有一幕令我特別印象深刻，是她走進榮町站的傳統市場，想要找一家咖啡店，卻遍尋不著。後來有個熱心的婆婆幫忙帶路，她終於來到這家小小的咖啡店，點了一杯熱咖啡，當她捧著咖啡，喝下一口，咖啡的熱氣飄在她的臉上，彷彿融化了她冰冷的心，那是在電影裡我唯一感覺得到的幸福。

　　因為這一幕簡短的幸福感，我也決定跟隨林嘉欣的腳步，來到

榮町站品嚐這一杯咖啡的滋味。

　　這是一個不算小的傳統市場，下午沒有營業，少了喧嘩的聲音，附近也沒有幾個人，只有兩三家看起來像老商號的小店半開著門營業著，老人們坐在門口聊天，好幾隻貓懶洋洋地或躺或臥，眼前的時空好像靜止般地停在午後三點。

　　我橫向縱向地在市場內隨意走來走去，找不著電影中那家咖啡小店，我突然懷疑那會不會只是電影場景？還是下午這種沒有人的時間，咖啡店根本就打烊不營業？

　　正想放棄時，在菜舖前遇見一個老爺爺，天氣過熱，他的菜看起來有點枯萎，雖然是秋天，但在悶熱的市場內我已是汗流浹背。

　　「不好意思，請問市場內有沒有一家 POTOHOTO CAFE ？」我試著問問。
　　「啊！有的，我帶你去好了！」老爺爺突然起身，示意我跟著他走。

我隨著老爺爺穿梭在市場裡的小路，走過那些隨意搭起的布蓬，突然間有種走進電影裡的奇妙感覺；唯一和電影不同的是，帶路的是位老爺爺，而且他熱心地把我帶到咖啡店門口，就和電影的劇情一模一樣。

　　「POTOHOTO」嚴格說起來只有一張咖啡吧台和圍著吧台的三張椅子，整個市場裡的小巷只剩這家店還在營業，吧台裡的年輕咖啡師和這座市場顯得格格不入，意外的是，此刻生意超好，除了三個座位外，旁邊擺了幾張臨時放在走道上的椅子，現場有八個客人。

　　正在驚喜之際，坐在椅子上的兩位女生突然喊出我的名字，她們也來自台灣，因為看了電影特地來這裡喝咖啡。

　　由於實在太熱了，所以我改喝冰拿鐵，無法像林嘉欣一樣在電影中捧起一杯熱咖啡，然後在筆記本上畫下三顆星星。

　　老闆就是咖啡師，他堅持手沖、堅持親自服務，他跟我說，電影播出之後，多了許多台灣來的客人，所以他又多了一個工作，那就是——幫客人拍照！

海外婚禮

以前聽見有人到海外辦婚禮，總是覺得，就算是風景再美，人生如此重要的大事，怎麼會想選擇一個和自己的成長並沒有太多連結的地方呢？而且籌備婚禮已經夠麻煩的了，更何況是在海外，不管是聯繫大小事情或安排親友行程都是大費周章，光用想的都會打退堂鼓。

但是漸漸地，我的想法竟然也出現了改變，如果有一場成功的海外婚禮，肯定可以給新人留下美好深刻的印象，既有一生幸福的回憶，也在親友眼中留下了一頁美麗的風景。

沒想到，我真的有朋友要在海外辦婚禮了！某天晚上，史丹利和 GiGi 很神祕地告訴我：「我們要在沖繩舉辦婚禮，你一定要來喔！」

咦！我心裡 OS 響起，一向能懶則懶的史丹利，遇到浪漫的 GiGi，真的改變了耶！我怎麼記得以前曾聽他說：「到海外辦婚禮，也太麻煩了啊！」

但我當然是一口答應，兩位都是我的好友，而且我這人從來不

太放棄任何出國的機會，人生第一次參加海外婚禮，就獻給他們了。

　　結果，果然參加海外婚禮和一般出國不太一樣，一點點麻煩的感覺開始浮現，一切都從收到「參加婚禮，請務必著正式服裝」的通知開始，本來還覺得合情合理，等到開始收拾行李時才發現不對勁。

　　首先，夏天去沖繩，誰會穿整套正式禮服？全副武裝，一定爆熱的吧！而且去海島，誰還帶皮鞋啊？

　　不過，為了尊重新人，我還是整套帶到了沖繩。
　　婚禮當天，豔陽高照，天氣真的太好了，不愧是沖繩啊！一想到等一下要換上整套正式禮服，就覺得有股熱氣直衝腦門。

　　還好，當我們進入教堂時，面對透明玻璃外的大海，冷氣空調溫度剛剛好，原本那股燥熱之氣，隨著海洋輕拍海岸，眼前一片藍天白雲而覺得舒爽起來！

　　白色的教堂響起鐘聲，一旁的歌者開始唱著愛的頌讚，老外牧

師站上講台，一起迎接新人的到來。此刻我心想：我竟然在參加高舉不婚主義的史丹利的婚禮耶！

想著想著竟然想笑，等一下穿上新郎禮服的史丹利走紅毯應該是很爆笑的場面吧！

現場響起結婚進行曲的悠揚樂音，大家都在期待著，教堂的木門打開，新郎以不太自然的台步走進來，臉上尷尬而害羞地微笑著，我在心中吶喊：史丹利真的娶了 GiGi 了！

新娘進場的那一刻，感覺真的太不真實了，一種奇妙的氛圍流動著，我竟然眼眶都濕了，喔，不，Stop！我在哭什麼啊？剛剛不是還想笑嗎？

我是流下感動的眼淚還是開心的眼淚呢？

或許，在被海洋包圍的白色教堂內，人心總是特別敏感，為自己的好友做愛情的見證，此刻也是永恆。

我參加了一場很美好的海外婚禮，雖然離開教堂後我立刻脫掉外套和鞋子。當我赤腳走在草地和沙灘上，我想著，雖然我常常出國旅行，但謝謝我的朋友讓我擁有一個不一樣的全新體驗。

參加完這場婚禮，我好像有些事情開竅了。當好朋友籽籽告訴我，她想要到海外舉行婚禮，以前一定會極力阻止的我，這次竟然

把以前覺得最麻煩的事情都擔了下來。

幾個月後，我成了海外婚禮主辦人，成功地在泰國 Pattaya 幫她辦了一場美好的海邊婚禮。

雖然一樣是熱得要命的海島，但我避開了最熱的時間，參加的賓客只要著白色舒服的服裝即可，在黃昏最美的一刻，成就了這個愛的使命。

做一個稱職的螺絲釘

　　來東京採訪 Summer Sonic 音樂祭時，我和樂團一同前往，抵達成田機場通關之後，我們一行人來到行李提領處，眼前出現的景像，至今依然深深打動著我。

　　所有的樂器、機器、腳架，一個個都非常安全而且整齊地排排放在地上，這是我以前從來沒有在任何機場看過的景象。當樂手們看到自己的寶貝被如此慎重地對待，內心也都激動不已。

　　機場是國家的門面，也是許多外國人來到日本的第一印象。雖然這只是非常微小的細節，但做這件事的人，卻為自己的國家爭取到了很大的面子。

　　職業真的不分貴賤，在我們生活的環境裡，每一個工作，每一件小事，都將累積出一個社會能否正常運作的關鍵。

　　小時候老師要我們寫「我的志願」，大部分的人應該都會往社會一般人所認定的「好職業」去寫，可能有人想當機師、機長、空服員，有誰會寫長大後想在機場搬運行李呢？

但是，如果說這工作重不重要？當然重要，而且我們一行人還因此大受感動，當樂手們稱讚日本人的服務精神時，我們卻不知道這些無名英雄是誰？

　　聖經說道：「在小事上盡忠。」尊重自己的工作，就會自然形成一股讓別人尊重你的力量。先不要考慮自己正在做的工作是什麼？你是否真的喜歡？第一件想的應該是——你能否尊重這份工作，並且做一個稱職的螺絲釘。

　　然後重要的事就會來找你。

彩虹橋

　　炎熱的夏天走在東京惠比壽的街上，感覺到空氣中潮濕的水氣來襲，恐怕是要下雨了。

　　果然，雨一下子就下了下來，是那種午後的傾盆大雨。我為了躲雨，走進了一棟大樓，大樓裡有幾個空間，有小小的咖啡座，也有藝廊，在這裡休息一會兒，也不失為消磨時間的好主意。

　　我坐在咖啡座，看向藝廊裡面，其中，有一些畫作吸引了我的目光。

　　那是一種似曾相識的感覺，如果我沒看錯的話，這些作品畫的，應該是台灣的原住民才對！

　　對於這突如其來地掉進台灣原住民的時空，讓我有些意外，我好奇地走進藝廊，想好好看看那些精彩的畫作。

　　畫家的名字是 NAIMEI（奈美），一幅幅的作品中，可以看到台灣原住民的傳統圖騰，雖然使用現代大膽的顏色和畫風來展現，但筆觸中有種細膩感。

一幅少女紋面的畫，讓我的眼光膠著其上，傳統服飾上的圖騰花紋非常精緻講究，排灣族的百步蛇圖騰畫成一個優美的圓，和少女飄逸的頭髮構成類似太極的圖案，強烈的風格讓我驚覺這位畫家絕不簡單！

　　這位畫家會不會是台灣的原住民呢？沒想到我竟然在東京巧遇她的畫作。

　　此時解說員向我走來，我向她詢問畫家的背景和故事，結果，她非常害羞地表示，「我就是奈美本人！」

　　啊！我在心裡驚嘆了一聲，忍不住問道：「那妳會說中文嗎？」

　　奈美更害羞地表示：「不好意思，我不會說中文！」

　　這太讓我驚訝了！這些作品竟然出自一位不會說中文的日本畫家之手。

　　我忍不住問：「為何會畫台灣原住民呢？」

　　奈美說：「因為《賽德克巴萊》這部電影，讓我對台灣的原住民產生了興趣！越想要了解，心也一步步的前進，一種想要表達日本與台灣的淵源和交流的想法越來越強烈，於是，我開始畫台灣的原住民，我想表達，傳統 ╳ 創作、過去 ╳ 未來，台灣原住民文化是一種悠久的生活感，而不只是在書裡或在照片裡甚至在博物館裡

的文化。每一次畫台灣，都好像寫情書，這是我給台灣的情書。」

　身為台灣人，此時我真的覺得不好意思，這位不會中文的日本人，比我都懂得我們台灣的寶藏，而我卻只是一知半解。

　或許來聊聊我比較有把握的音樂吧！

　「你知道有很多台灣原住民的音樂很棒嗎？」
　「哈哈！我知道巴賴和閃靈。我曾經在台北辦過展覽，當時有跟巴賴一起合作，他有來唱歌。另外，我有畫閃靈，你要看嗎？」

　日本畫家眼中的閃靈樂團？
　當然要看！

　在奈美的畫作中，閃靈呈現出一種更加視覺的效果，而且彷彿感受得到強烈的嘶吼聲，但筆觸卻仍然細膩。另外，也有幾幅以不同的畫風，例如水墨畫，去呈現閃靈樂團，像是早期武俠小說中的封面人物，但卻更有力量。

　很感謝這場突如其來的大雨。
　讓我有機會與奈美有這麼美好的交流。

　雖然奈美一直都是很害羞地說著話，但是她的個性已經在作品裡表現無遺。

雨停了，天空竟然出現一道彩虹，掛在惠比壽的陸橋上方。

我立刻想起在電影《賽德克巴萊》中的「彩虹橋」。

和奈美道別時我們就站在橋下。

「彩虹橋」不只是祖靈之橋，而是象徵和平與愛的立約與友誼之橋。

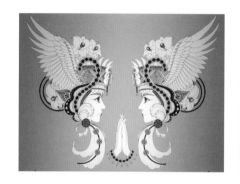

戀人の聖地

　　有一次在計程車上聽到一個廣播節目介紹日本戀人的約會勝地，這位來賓竟然說，這些勝地是由桂綸鎂親自挑選認定的。

　　當時聽得我好驚嚇，雖然知道一定是口誤，但是，桂綸鎂是我們的金馬影后，她可能穿過日本婚紗教母「桂 由美」設計的婚紗或禮服，但我比較確定的是，大 S 結婚時所穿的就是桂由美的作品。

　　那桂由美到底是誰？

　　她雖然是一位婚紗設計師，但在國際間的盛名和被尊重的程度，以及在日本人心中所代表的美好幸福形象，在日本旅行常常會在任何地方看到她的名字。

　　我曾經在上野東京博物館親眼看見她的作品，那是 2008 年奧運體操男子冠軍楊威和女友楊云結婚時，楊云穿上了桂由美的黃金婚紗。據說，那件手工縫製的金絲線婚紗，全球只有兩件，價值高達 3000 萬。現在這件婚紗已是東京博物館內的重要收藏。

　　但是，桂由美的名字為何會出現在日本各地呢？

這就要從日本特定非營利活動法人「地域活性化支援中心」所主辦的研究開發計畫來說起了。

　　2006 年時，這單位發表了「日本最佳約會場所」，即所謂「戀人の聖地」，審查委員除了桂由美，還包括許多藝術界或演藝界的名人。

　　被選為「戀人の聖地」，除了風景優美、適合情侶約會，大部分也都不需要門票，希望藉此振興日本在地觀光，至今在日本全國已有超過一百多個地點。而每一個被選出來的地點，都各自用不同的方式來表現愛情，並且會有一個由桂由美認定「戀人の聖地」的簽名金牌，再加上一座可以讓戀人一起敲響幸福的鐘。

　　一開始我看到「戀人の聖地」時其實沒有什麼感覺，但隨著去過越來越多「戀人の聖地」，漸漸地也開始對這些地點改觀。

　　對於有收集癖的我來說，在每個不同的 「戀人の聖地」拍照敲鐘，然後打卡到此一遊，彷彿成為一種另類的收集。所以到了後來，只要發現有「戀人の聖地」都讓我特別興奮。

恋人の聖地

Yumi Katsura Lover's Sanctuary

Here I declare this land as 'Lover's Sanctuary' to impart the joy and the
magic of encounters, blissful marriage, and raising a happy home. I send
my blessings to your encounters and wish you a wonderful future.

SINCE 2006

Bridal Mother 桂 由美

NPO法人 地域活性化支援センター

時鐘（タイムベル）
TIME BELL

通常は船内に時刻を知らせるために鳴らします。

一度にたくさん鳴らすこと（号鐘乱打）は非常事態（火災など）の警鐘を意味します。不吉なので止めましょう。

送水口
（消防隊専用）

送水口
（消防隊専用）

送水圧力3.5kg/cm

送水圧力3.0kg/cm

スプリンクラー専用送水口

消火栓送水口

我印象最深刻的「戀人の聖地」，是在一艘船上。

這艘「海王丸號」有海上貴婦的稱號，本來是商船學校的練習用船，退役之後，目前長駐於富山海王丸公園裡。這是一艘非常漂亮的船，原木的質地加上白色的風帆，上船可以眺望美麗的海灣和立山連峰的壯麗，停泊在海灣裡有種被呵護疼愛著的感覺。

既然身為日本「戀人の聖地」，情侶們可以一起在船上敲響幸福的金鐘，並且進入船艙，在愛情的艙房內鎖上情人鎖。一般的情人鎖在上鎖後，便將鑰匙丟棄，表示兩人愛情永遠上鎖，堅定不移；但這裡的情人鎖是約定之鎖，兩人先在船上許下承諾，然後將鎖掛於愛情艙房內，一起好好保管這把鑰匙，有一天再一起回到這裡打開愛情之鎖。

最近前往北海道的幸福車站，在那裡也看到了「戀人の聖地」。幸福車站本來就傳遞著使人幸福的氛圍，當天巧遇一對新人在此拍攝婚紗，在愛情的鐘下看著即將結婚的新人拍照，真是最完美的風景。

我在日本新三大夜景的北海道札幌「藻岩山」上也看到了「戀人の聖地」。黃昏時山頂的愛情鐘響，眾人拍手歡呼，原來有人在此求婚，華燈初上，剛剛求婚成功的戀人，一起鎖上愛情的鎖，這一幕有種說不出的浪漫。

追求幸福需要多一點的心思，就算結婚時穿不起桂由美設計的

婚紗，桂由美在各地都幫你把偶像劇場景都準備好了，怎麼可以不好好利用？

女孩們，如果有一天遇到願意千里迢迢陪妳跑遍各個「戀人の聖地」打卡尋愛的另一半，還是趕快嫁了吧！

相信我，對男人來說，這種浪漫真的有點難為情，之所以願意做都是因為真愛啊！

謝謝，讓我遇見你：吳建恆的人生慢旅

拜訪人氣狗明星

凡是那種在台灣我們做起來超級平凡的日常，比如說：上傳統市場、騎腳踏車、遛狗……這些一到了國外，就全部變成了成就。

最近我就在青森遛狗，「在日本遛狗」成就解鎖。

秋田犬 Wasao 是電影明星，曾經和藥師丸博子合拍電影，也可以說是青森名物。

其實，能和牠一起散散步，還是我們多次和 Wasao 經紀人交涉的結果，過程中總有些不確定，主要還是要看 Wasao 對我們有沒有感覺，只要看對眼，時間到了，自然願意和我們出去走一走，完全佛系大明星來著。

Wasao 身邊除了老婆、乾女兒，還有一堆故意分散粉絲注意力的貓保鑣！牠們懶洋洋的看著 Wasao 每天舉行粉絲見面會，心裡大概想著：「都老了有什麼好看的啊！我們翻個身也是會有少女的尖叫聲好不好？」

只有在 Wasao 打算出來和我們散散步的時候，保鑣才會對著鏡

頭「喵」你兩下。

Wasao 要出巡了，哇！粉絲們～你們開心嗎？

哪有那麼簡單，要先把牠最心愛的零食先準備好！Wasao 竟然愛吃魚，這可是曬得乾乾的魚乾，超有咬勁的，沒帶著零食，其實還懶得出門呢！

每天遙望著青森最高峰岩木山的 Wasao，從小自由自在地流浪著，雖然生活過得清苦，好幾次有人想將牠帶回共同生活都被拒絕。

「只有她，在海邊賣著烤魷魚的慈祥媽媽，可以打動我的心。決定和媽媽一起回家生活的那天起，我就決定了一生相依。我們度過了非常快樂的日子，我們的故事還被拍成了電影！我從一個流浪街頭的無名小子，突然間，在青森到處都可以看到我的照片，還有各種不同的周邊商品，我家門口天天有人來等著見我一面，來自東京的大明星和電視台還特地來採訪拍攝我和媽媽，連你們也特地從台灣來找我。我變成大明星了，這故事勵志嗎？」

如果有寵物溝通師，大概會這樣翻譯 Wasao 的心聲。

幾年前，Wasao 的媽媽過世了，Wasao 心都碎了。「過世前媽媽怕我寂寞，幫我成了親。我在媽媽過世後依然住在家裡，從我跟著媽媽回家那天起，就沒有改變過對她的愛！我知道媽媽對我也從未改變！」

現在老家貼滿了 Wasao 和媽媽的合照，屋子裡依然飄著烤魷魚的香味，走出屋外可見遠方岩木山，每天仍然有人來看 Wasao，但沒了媽媽，我想 Wasao 一定很思念她。

跟媽媽一起旅行

這幾年，我開始帶著媽媽旅行，我們一起到了許多不同的國家。

在一起旅行的過程中，因為年紀、體力、生活習慣和喜歡的事物並不相同，許多人都會告訴我和長輩一起旅行很容易就會吵架或是不愉快，所以溝通困難真的會是家庭旅行的問題之一。

然而在幾次的摸索之後，我體會到，和長輩一起出遊只要能保持著「無我」的精神和想法，就可以確保旅行的和諧與愉快，並且留下共同的美好回憶。

京都是我和媽媽期待已久能夠一起完成的一趟旅行，第一次一起到日本，而且抵達時剛剛好是秋紅的季節。

從我年少離家之後，每次回家就像是客人一般，有時候也會忘了媽媽的習慣或是她的「眉角」，但是，只要我自動開啟「無我」模式，一切都很 Safe！

抵達京都之後，雖然沒有預訂餐廳，但京都鴨川旁的先斗町小路是那樣迷人，昏黃的燈光襯著古屋巷弄，兩旁的傳統居酒屋、燒

鳥料亭，隨便都可以拍出很有感覺的照片。

但是，在旺季竟然每一間餐廳都是客滿的，我們一路上一間間地詢問，好不容易終於找到一家還有位子的居酒屋。

「太好了，有位子，今天的晚餐就在這裡吃吧！」

餐廳按照我的交代，給了兩人座的禁菸席。坐下之後打開菜單，正和媽媽一邊研究料理的同時，隔壁桌就傳來一陣陣的菸味。

媽媽問我：「這不是禁菸席嗎？」

是的，媽媽，這是禁菸席，但我忘了告訴妳，通常日本餐廳或咖啡店裡，可以抽菸和不能抽菸的座位有時是沒有特別隔間的，尤其是在居酒屋，兩者的界線更是模糊，而且這店小小的，怎樣都會有菸味啊！

媽媽似乎對菸味特別過敏，而隔壁桌兩個菸槍手上的菸也沒有

熄過，雖然我為晚餐感到興奮，但我知道媽媽現在已經坐立難安，而且整間餐廳也沒有其他空位。

就這樣，我們只點了兩碟小菜，一個美好而令人期待的晚餐，就匆匆結束了。

我想問媽媽，入境隨俗啊，難道不能忍一忍嗎？但因為「無我」精神，我體會到媽媽一心一意想要盡快離開現場，於是帶著滿身的菸味，陪她離開餐廳。奉勸各位，下回旅行如果真的有想去的餐廳，還是勸大家先訂位。像京都這種世界級的旅行城市，真的不能碰運氣啊！

走出餐廳，和媽媽走在鴨川河邊一起吹風散步，也順便將身上的菸味吹散。

對於和媽媽旅行這件事，果然是有許多挑戰的。但是，晚餐怎麼辦呢？眼看附近都是每家都客滿的餐廳，我們也只能持續沿著鴨川走著，媽媽說她不餓了，我想說不然隨意地吃碗拉麵就好了。

返回民宿的路上，我們經過一家超市。在每一趟的旅程中，超市總是特別的吸引我。

「媽，不如我們進去逛逛吧！」我提議。

這家超市匯集了來自日本各地食品的精華，其中的新鮮蔬果區，完全吸引了媽媽的注意力。

　　「你看，這些蔬菜，看起來好漂亮！」
　　「這蔥好大一根！」
　　「這番茄看起來就好吃！」
　　「你想吃蘋果嗎？」
　　媽媽一邊開心地逛著，一邊拉著我連連追問。

我完全沒想到，這些新鮮蔬果，竟然引起了媽媽這麼大的興趣。

最後媽媽提議：「不如我們買菜回民宿煮火鍋好了，反正廚房什麼設備都有！」

這個提議實在太好了！其實，我根本餓得要死，剛好旁邊的和牛火鍋肉片正在跟我招手，順手就拿了兩盒。

本來這次就是為了讓媽媽有不一樣的體驗，所以訂了一間有廚房的民宿，沒想到，竟然意外地讓我們母子倆創造了自己下廚的美好時光。

「你看，這雞蛋的蛋黃顏色好紅、蛋白好有彈性！」
「這大蔥煮湯味道好甜啊！」

我們完全忘記那些在鴨川旁的美麗餐廳有多浪漫，母子一起跪坐在榻榻米上聊天，一起煮火鍋，一起讚美日本的蔬菜和牛肉有多好吃！

這個畫面和笑聲，才是我夢寐以求的。

關於懷德舅舅的故事

「懷德：

　　天氣忽然轉冷，不知近況如何？在此我們都安康，請勿掛念！

　　前些天匯去了學費，以前託你買的藥品，可以買得到嗎？

　　此地醫藥缺乏，從下個月開始將實施醫藥配給，竹山的同業有人住在東京，正託人大量訂購之中，請盡量代勞，一來電就立刻匯款過去。

　　在氣候多變的季節請保重！

　　期望你安好過年。

　　再見

　　　　　　　　　　　　　　　　　　　　1943 年 12 月 14 日」

　　無意間，在家族的歷史資料中看到這樣一封信。寫信的人是楊昭璧醫生，他是我外婆的弟弟，而收信人懷德是我的大舅舅。

　　手中這封年代久遠的信件影本，對我來說應該極為陌生才對。這年代正是第二次世界大戰，本來應該是在歷史課本才會出現的名詞和事件，總覺得距離遙遠，但有關我的大舅舅在日本讀醫求學的故事，卻常常從老一輩的親戚口中略知一二。

後來，因為外景節目有機會來到廣島的原彈紀念遺跡，在這裡，我改變了一些想法，也想要更深入了解這段歷史。

　　1945 年 8 月 6 日，美國為了早日結束戰爭，於是投擲了第一顆原子彈在廣島。一瞬之間，市中心四公里範圍內的建築、十萬以上的生命，立刻化為烏有。

　　站在原爆點感受當年這段歷史，親眼看見刻意原樣保留下來的廢墟和土堆，有了更清楚的輪廓，想像在瞬間的萬物毀滅，如世界末日的場景，看著原彈紀念展或當時的影片、照片，強烈震撼我的內心深處。

　　後來有家庭聚會，我總是拉著經歷過二戰時期的長輩們，請他們告訴我一些故事。

　　我的大舅舅戴懷德先生，當時在台南一中因為優異的成績，赴日攻讀醫學，懷抱著未來的理想和家人的不捨，來到日本長崎，為自己的人生尋找更多的可能。

　　1945 年，懷德舅舅已經從醫學院畢業，除了在醫院服務實習之外，也交了日本女友光榮。

　　年輕人總是對時代的錯誤感到不滿，身為知識份子的責任感，光榮決定加入反戰運動，也因此而被迫離開家鄉長崎。相愛的兩個

185

人，一個決定在醫院服務、一個決定加入反戰運動，只能透過書信往來才能一解相思之苦。

廣島雖然受到原子彈驚人的破壞，但仍然無法促使日本軍閥迅速投降。於是，美國決定在轟炸廣島後的第三天，將另一顆三倍強的原子彈投擲於長崎。

當天，懷德舅舅在醫院內巡視。上午十一點零二分，不到一秒，長崎醫學校就成了廢墟。

幾乎所有的建築物立刻崩塌成為瓦礫灰燼，懷德舅舅當時從滿天灰煙、滿目瘡痍的建築和無數屍體中爬了出來，眼前的一切恍如隔世，雖然在炙熱的八月，世界卻變成了黑色。

身體受了重傷的懷德舅舅獨自負傷掙扎，走了好幾天，來到長崎郊外表兄的診所求救。雖然表兄日夜細心看護，但因為鐳毒的照射已經破壞了血液，因此懷德舅舅前後支撐不到十日就離世了。這個結果令人難以置信，給親人帶來了無從彌補的傷痛。

我的外公，將他所愛的長子骨灰帶回家時，因為不敢讓憂心體弱的外婆知道實情，據說將骨灰罐偷偷藏在衣櫥裡，並且只告訴兒女們，他們的大哥回來了！

大哥過世，弟弟妹妹只敢在夜裡偷偷的哭泣，然而母子連心，外婆也察覺自己和兒子不會再見了，就這樣病倒了。這段故事成了

家族中難以抹滅的傷痛回憶。

在那個醫藥不發達的年代，大舅舅遠赴日本讀醫，除了希望減輕家裡的負擔，也希望能夠將更新的醫藥觀念帶回台灣，所以曾經和自己的舅舅楊昭璧醫生聯手，一個在台灣，一個在日本，一起研究醫學，照顧生病的人，多年之後，在竹山執業救人的楊昭璧醫生，被選為南投縣縣長。

而懷德舅舅當時的女友光榮，唯一的姊姊也住在長崎醫學校附近，原爆後也受到鑌毒照射，與懷德舅舅在同一天過世──8月20日是光榮一生中最痛苦的一天，因為原彈同時奪走了她生命中最重要的兩個人；而她因為參加反戰運動，被迫離鄉卻活了下來。

她曾說：「寧願和心愛的人同歸於盡，也不願孤單地活著，每天心痛辛苦地思念著！」她保留著懷德舅舅寫給她的每封情書；直到過世前，仍然與我母親的家人聯絡往來。在我小時候，我記得曾經見過她。

在長崎原爆紀念館，我在石碑上看到了舅舅的名字。

那一長串名單中，每個人的背後都有精彩的人生與愛著他們的人。

了解歷史的目的是讓我們不再犯相同的錯誤，以前覺得這是離我們遙遠的歷史，其實也不盡然；這件事距今，也不過是70多年前而已。

期待世界和平真的不是口號。至今，世界仍然紛亂，戰亂正在發生。

寫下這篇，為了紀念我從未見過卻因為他的故事而活在我心中的大舅舅。

更期待這世界不再有這些傷痛。

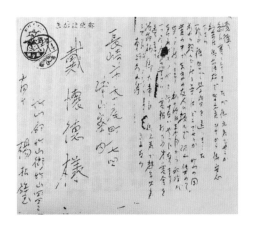

原爆犠牲者之霊

長崎市

阿嬤，您好嗎？

經過忙碌奔波的一整天，手機和人都處在電池耗盡的狀態下。我躺在東京目黑區的陌生小房間裡，關燈蓋上棉被，一顆心嚮往著能夠沉沉地睡去。

而今晚非常特別的是，即便生理狀態處於想好好大睡一覺到天亮的期待，但我的心卻有種反覆不安、停不下來的燥熱感。將房間冷氣開到最強，緊抱棉被，不一會兒的時間，又感覺到一股無名的情緒湧上，翻身又翻身，今晚我是怎麼了？

我是一個很好睡的人，或許是因為白天我都很用力地活著，幾乎沒有睡眠障礙，也從來不認床。曾經有過這種經驗的人就知道，有時候，不是努力睡就能睡著的，睡一個好覺是恩典。

幾經反覆，斷斷續續地睡了，我也不確定是否真的睡著了？可以確定的是，至少幾乎每隔一個小時就會又突然醒來，在淒黑的房間裡睜開眼睛，再用力閉上眼睛想再睡去。

那一夜，直到最後睜眼時看到窗簾外透著微光，才終於真的睡著。

醒來，一滑開手機，家族的 Line 群組跳出許多訊息——

1:32 叔叔說阿嬤呼吸困難送醫院
1:42 哥，我現在要過去醫院
2:14 我到醫院了
2:40 我現在進加護病房陪阿嬤
3:36 叔叔們來了
4:24 阿嬤心跳微弱
5:05 哥，阿嬤過世了
5:52 我先載姑姑回家

原來，這就是人與人之間一種奇妙的感應與連結，家人們在台南，我在東京，在思緒上卻有著共同的羈絆。

阿公和阿嬤指腹為婚，年輕時信了耶穌，阿嬤不理會街坊鄰居的指指點點，毅然決然將自己從小到大的裹腳布解開，象徵著自己全新的生命與自由。

在我印象中，阿嬤只穿旗袍，因為解了的小腳很難買鞋，終生都穿繡花包鞋，永遠乾淨而優雅地梳著包頭，耳朵一邊一個珍珠耳環。雖然貴為大小姐，在經歷最苦難刻苦的時代，仍然和阿公做幫助人的事情。

每次回阿嬤家，她總能變出一桌美味的料理，印象最深的是她很會烤蛋糕，一次要做好幾個，除了孫子愛吃，也要分送他人。

從阿嬤到爸爸到我，最相似的地方就是我們都很瘦，這個遺傳都給了老大。甚至，我們也長得有一些相像。我是長孫，從小就得到阿公阿嬤的所有疼愛。最大的祝福就是她永遠為我大聲的禱告，叮嚀我：「要信靠主，要有信心！」

10餘年前父親過逝，當時93歲的阿嬤仍然堅持送他一程。她做對的事，自己想做的事，而且異常地堅忍，這份堅忍，讓她健康地活到了103歲，和她這樣告別，我沒有任何遺憾。

離開窄小的飯店房間，我想念阿嬤的思緒停不下來，走出飯店我找了一個地方，拿出手機寫下我的思念，太多回憶伴隨著眼前這個陌生的城市街道，我知道「寫」是我可以抒發情緒的方式，於是有了這篇。

紀念我的阿嬤，吳李善姜女士。

大好人的人孔蓋特展

有一段時間我開始在 ig 分享許多我在旅行途中拍下的水溝蓋。

其實說那是水溝蓋也不一定是正確的,英文叫做 manhole cover,所以稱之為「人孔蓋」應該更恰當。人孔蓋原本為下水道、電氣、電信工程或消防使用,大約可以容納一個人進出,形狀大部分是圓形,也有一些是長方形。

不過隨著越來越去注意地上的孔蓋,才發現其實每天走在路上都可以遇到各式各樣大小不一的孔蓋,有時候搞不太清楚用途,總之,我就開始研究起這些孔蓋的設計。

雖然常常可以在馬路上看到人孔蓋,但在台灣的路上很容易被忽略,所以當我第一次在日本看到花色特別的人孔蓋時,我便拍下來仔細研究了一下,從此只要看到特別的人孔蓋,我都會拍下來。

因為每個孔蓋大小都不太一樣,為了表現出實際比例,於是我加上自己的腳一起拍攝,後來就成為一種旅行中好玩的尋寶遊戲:「我的鞋和它發現的人孔蓋」。

有些人可能會覺得這樣滿無聊的，但我樂此不疲，開始在 ig 分享之後竟然有不錯的迴響，我也在自己分享的人孔蓋照片加上「# 我拍的人孔蓋」，後來竟然也有人陸續加入人孔蓋同好行列，於是 ig 有了「我拍的人孔蓋特展」。

　　隨著自己旅行的哩程越多，買紀念品的次數越來越少，除了拍照，有時候覺得還是將回憶留在腦海裡最好。但拍人孔蓋讓我有一種旅行收集的概念，既不花錢，也不佔空間，不過，目前大概只以日本為主。因為後來到過很多國家，發現人孔蓋都平淡無奇，這下就更佩服日本人了，連這種路邊的小東西也能夠發揚光大。

　　當我仔細去看這些所拍下來的人孔蓋，可以得到一些不一樣的常識。不同的城市，不同的地點，有不一樣的表現方式，每個城市都有可以藉由不同的人孔蓋來表達地方的特色。

　　當然，設計也很重要，有的是當地的地標、有的是物產、有的是吉祥物、有的是市花，也有歷史人物、有城市風貌、有幾何圖案，透過各種表現手法，例如插圖、浮雕、版畫，以活潑的彩色或重點

彩色或鐵鑄原色，在人孔蓋上表現出一個小宇宙。

我曾經在短短五步的距離裡，看到三個完全不一樣的彩色人孔蓋，這麼活潑的設計是哪裡？這地方當然就是熱情的南國沖繩。

所以，人孔蓋真的可以看圖說故事，還可以看出一個地方的個性和美學。

因為常常在路上尋找一些特別的人孔蓋，也慢慢找出了心得。當然彩色的比較容易吸引注意，也比較討喜，但鐵灰色的人孔蓋感覺好像在安靜地陳述一些事，雖不搶戲，卻融入了當地的特色，在設計上也一點都不馬虎！

來介紹一下我遇見過，兩個最特別的人孔蓋！

第一個圓孔蓋，是 311 大地震之後，位於岩手縣久慈市的地下水族科學館被海嘯淹沒，在後來的復原工作中，許多人都投入這個水族館的重建。

其中，日本有一個魚君（宮澤正之），本身超級熱愛魚類、研究魚類，因此成為專家。每次出席活動都會戴上河豚帽，簽名和畫畫也都和魚類有關。魚君從 2005 年開始，每年都會到久慈地下水族館參與活動，2011 年 311 大地震發生後，他幾乎每個月都前往參與協助支援復興，並且捐贈自己的魚類收藏品和各種魚類給重建後的水族館作為教育和展示使用。

在參觀魚君當時所投入的相關新聞和展覽時，竟然在水族館 4 樓看到一個全新的人孔蓋。

詢問了館方的工作人員，他們告知因為要記錄當時大家的投入，特別是魚君的精神，於是有了這個人孔蓋的設計。把魚君和魚刻畫在人孔蓋上，作為教育和紀念之用，將來會在適當的時機正式使用。

我覺得這樣的想法很好，因為不需要特地做什麼紀念物，可以很實用地將人孔蓋和想表達的事情透過圖案融為一體，未來當人們走在路上看到時，也會成為討論或祝福的象徵。

而另一個讓我意外的人孔蓋，在岩手縣的遠野，這裡被稱之為日本鄉土傳說故事的故鄉。傳說在沼澤區有位蛇神愛上了當地的姑娘，因為這個故事，這裡蓋了一間小小的結緣神社，神社已經有幾百年歷史，古木參天，沿著山溝種滿了繡球花，每當初夏季節，繡球花滿開，與蘆葦迎風飄逸，美得不可思議。

而我目光的焦點，竟然是在小山溝旁的人孔蓋。

我們都知道當我們走在路上時，踩在腳下的是由上往下看的平面孔蓋。但是，被放置在這裡的，是一個完整地包含地下結構平常看不到的整體。

所以，當大家在小山溝旁拍美麗的繡球花照片，討論結緣神社

的鄉土傳奇時，只見我一人研究著這個從來沒見過的實體，驚嘆不已！因為一直想要和它拍照，同行的日本工作人員還覺得我是不是有哪裡不太正常？

此刻，我站在這百年結緣神社前，我笑著告訴自己，我竟然和硬邦邦的鐵器人孔蓋與上面細膩的圖案結了不解之緣。

在我發表人孔蓋特展的文章之後，有人問我：「為什麼你都找得到這些特色的人孔蓋，而我卻都沒看見呢？」其實，當你對某些東西產生了特別的興趣，這些東西便會成為你的一部分，就像是一種雷達，很容易就會吸引你的注意。

拍攝人孔蓋，不用特別去尋找，只要讓雙腳與它自然相遇，錯過也沒啥好遺憾的，拍攝時注意來車，也不要低著頭走路。

我喜歡在旅行中觀察，當我們看過大山大水和大型建築，何不將眼神注意到那些較不為人注意的細節裡。

歡迎來到我的人孔蓋特展。

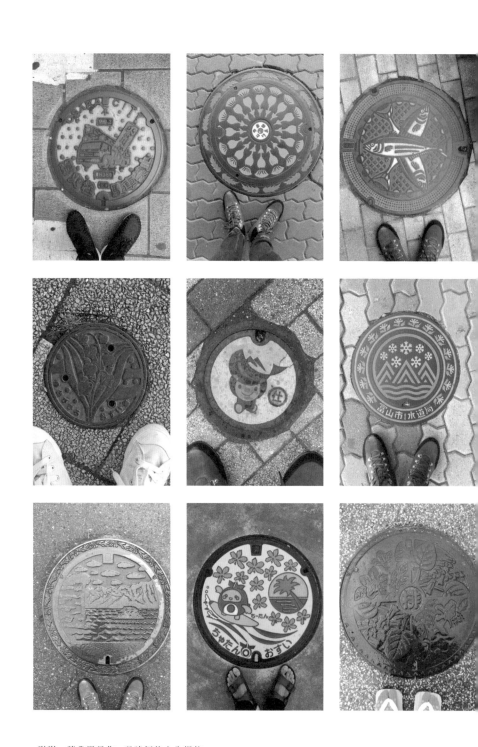

玩藝 VIS0085

吳建恆的人生慢旅

謝謝，讓我遇見你：

作　　者—吳建恆
封面設計—季曉彤（小痕跡設計）
內頁設計—花樂樂
主　　編—汪婷婷
責任編輯—施穎芳
責任企劃—汪婷婷

總 編 輯—周湘琦
董 事 長—趙政岷
出 版 者—時報文化出版企業股份有限公司
　　　　　10803 台北市和平西路三段二四〇號二樓
　　　　　發行專線（02）2306-6842
　　　　　讀者服務專線 0800-231-705、（02）2304-7103
　　　　　讀者服務傳真 （02）2304-6858
　　　　　郵撥 1934-4724 時報文化出版公司
　　　　　信箱 台北郵政 79 ～ 99 信箱
時報悅讀網— http://www.readingtimes.com.tw
電子郵件信箱— books@readingtimes.com.tw
時報出版風格線臉書— https://www.facebook.com/bookstyle2014
法律顧問—理律法律事務所陳長文律師、李念祖律師
印　　刷—詠豐印刷股份有限公司
初版一刷— 2019 年 9 月 20 日
初版二刷— 2019 年 10 月 28 日
定　　價—新台幣 360 元

謝謝，讓我遇見你：吳建恆的人生慢旅 / 吳建恆著 . -- 初版 . -- 臺北市：時報
文化，2019.09
　　面；　公分 . -- (玩藝；VIS0085)
ISBN 978-957-13-7950-0(平裝)

1. 旅遊文學 2. 日本

731.9　　　　　　　　　　　　　　　　　　　　　108014529

《讀者回函活動》

一期一會‧你就是路上最美的風景
謝謝,讓我這樣遇見你

你是否曾在世界的某個地方,也許是因為一朵花、一陣風或遇見了某位特別的朋友,而在心中留下滿滿的感動和回憶?拿起筆,寫下你的故事,並於2019/11/15(五)前(以郵戳為憑),寄回時報文化,我們將抽出十位幸運讀者,獲得由吳建恆到日本各地所收藏的特色小禮喔!

✱您最喜歡書中的哪一個故事?

✱請問您在何處購買本書籍?
　□誠品書店　　　□金石堂書店　　□博客來網路書店　　□其他網路書店
　□一般傳統書店　□量販店　　　　□其他 _____

✱請問您購買本書籍的原因?
　□喜歡主題　　□喜歡封面　　□價格優惠　　□喜歡購書禮
　□喜愛作者　　□工作需要　　□實用　　　　□其他 _____

✱您從何處知道本書籍?
　□一般書店: _____　　□網路書店: _____
　□量販店: _____　　　□報紙: _____
　□廣播: _____　　　　□電視: _____
　□網路媒體活動 _____　□朋友推薦 _____
　□其他 _____

【讀者資料】

姓名: _____　　　□先生　□小姐
年齡: _____　　職業: _____
聯絡電話:(H)_____　　(M)_____
地址:□□□ _____
E-mail: _____　　　　(請務必完整填寫,字跡工整,以便流年批算及回覆)

注意事項　●本問卷將正本寄回不得影印使用。
　　　　　●本公司保有活動辦法之權利,並有權選擇最終得獎者。
　　　　　●若有其他疑問,請洽客服專線:02-23066600#8219